63 Lösungen für unerhörte Fragen des Alltags

Stiftung Warentest

Inhaltsverzeichnis

Auto und Mobilität

Geld und Finanzen

Immobilie und Miete

Urlaub und Freizeit

Versicherungen, Verträge und Rechtliches

Service

Auto und Mobilität

Verkehrsunfall korrekt abwickeln • Ersatz-Autoschlüssel besorgen • Nummernschild geklaut • Mietwagen buchen • Parkschaden regulieren • Pkw von privat kaufen • Abfrage in Flensburg

Verkehrsunfall korrekt abwickeln

Auch wer stets vorsichtig fährt, ist vor Unfällen nicht gefeit. Was tun, wenn es doch einmal geknallt hat? Meist geht es hoch her – selbst bei kleinen Blechschäden. Richtig zu handeln, ist erst recht schwierig, wenn bei dem Unfall Personen zu Schaden gekommen sind. Bewahren Sie Ruhe!

1 Sichern Sie den Unfallort, am besten mit Warnweste. Rufen Sie den Krankenwagen (112), wenn es Verletzte gibt, und leisten Sie Hilfe. Ist der Schaden gering, müssen die Fahrzeuge schnell von der Straße. Markieren Sie vorher die Standorte mit Kreide und machen Sie Fotos, notfalls mit Ihrem Handy.

2 Gibt es Streit über den Unfallhergang oder gibt es Verletzte? Hat der Unfallgegner eine Fahne oder haut er sogar ab? Ist der Schaden groß oder kommt der Unfallgegner aus dem Ausland? Dann rufen Sie die Polizei. Kleinere Schäden können Sie selbst regeln.

Sie benötigen

- **Einen kühlen Kopf**
- **Kreide und den Vordruck für einen Unfallbericht im Handschuhfach**
- **Daten des Unfallgegners und von Zeugen**
- **Nach Möglichkeit Fotos vom Unfallort**
- **Bei größeren Schäden die Hilfe der Polizei**

3 Halten Sie die Personalien von Zeugen fest, auch wenn der Unfallhergang unstreitig ist oder der Gegner seine Schuld versichert. So ein Eingeständnis hat nur begrenzte Aussagekraft. Hüten Sie sich selbst vor Eingeständnissen, auch wenn Sie an die eigene Schuld glauben. Kommt die Polizei, notieren Sie Namen und Dienststelle des Beamten.

4 Sie klären die Sache ohne Polizei? Dann halten Sie den Hergang gemeinsam mit dem Gegner schriftlich fest, am besten auf dem Vordruck „Europäischer Unfallbericht". Es gibt ihn gratis bei den Autoversicherern und er gehört ins Handschuhfach. Sie finden das Dokument auch über eine Google-Suche.

5 Tauschen, prüfen und notieren Sie: Name und Wohnort von Fahrer und Halter, Fahrzeugtyp, Kennzeichen, Versicherung und Versicherungsscheinnummer. Wo der Unfallgegner versichert ist, erfahren Sie auch über den Zentralruf der Autoversicherer (0 800/2 50 26 00).

6 Melden Sie den Unfall schnell der gegnerischen und Ihrer Versicherung. Die Entscheidung, einen Schaden selbst zu tragen, um bei der eigenen Versicherung nicht in eine schlechtere Schadensfreiheitsklasse gestuft zu werden, können Sie später treffen. Wenn Sie keine Schuld haben und zu einem Anwalt gehen, zahlt dafür die gegnerische Versicherung. Hatten Sie Schuld oder Teilschuld, müssen Sie den Anwalt anteilig zahlen, wenn Sie keinen Verkehrsrechtsschutz haben.

Ersatz-Autoschlüssel besorgen

Es ist mehr als ärgerlich, wenn ein Autoschlüssel weg ist. Einen neuen zu bekommen, ist aufwendig und teuer. Einfach den Zweitschlüssel zu benutzen und nichts zu tun, ist aber keine gute Lösung. Denn Sie riskieren Ärger mit der Kaskoversicherung wegen grob fahrlässigen Handelns. So sollten Sie vorgehen, wenn ein Schlüssel weg ist:

1 Haben Sie einen begründeten Verdacht, dass Ihnen der Autoschlüssel geklaut wurde? Dann erstatten Sie umgehend Anzeige bei der Polizei. Falls Sie einen Zweitschlüssel für Ihr Fahrzeug haben, können Sie Ihren Wagen zunächst möglichst unzugänglich für Fremde abstellen – etwa in einer Garage, einem Innenhof oder bei Ihrer Werkstatt.

Sie benötigen

- **Personalausweis**
- **Fahrzeugbrief**
- **Zulassungspapiere**
- **ggf. Ersatzschlüssel**

2 Informieren Sie schnellstmöglich Ihre Kaskoversicherung über den Verlust des Autoschlüssels, am besten schriftlich. Klären Sie mit dem Versicherer, wie Sie vorgehen sollen: Meist reicht es aus, wenn Sie neue Schlüssel machen lassen. Der Versicherer kann aber auch den Austausch der Schließzylinder verlangen. Neue Schlüssel und ihre Programmierung kosten schnell ab 200 Euro, Kosten für neue Schließzylinder liegen bereits im vierstelligen Bereich. Falls Ihre Autoversicherung den Schlüsselverlust abdeckt, übernimmt sie gegebenenfalls die Kosten.

3 Bestellen Sie in Ihrer Werkstatt nun neue Schlüssel und gegebenenfalls neue Schließzylinder. Um sich als Fahrzeughalter auszuweisen, müssen Sie Ihren Personalausweis und den Fahrzeugbrief vorlegen, Sie sollten auf jeden Fall auch die Zulassungspapiere und Ersatzschlüssel mitbringen. Bei Funkschlössern wird zunächst der Code Ihres Schlüssels aus der Wegfahrsperreinrichtung gelöscht – dadurch wird der verlorene Schlüssel unbrauchbar. Bis die neuen Schlüssel geliefert werden, kann es mehrere Tage dauern. Dann muss noch die Fahrzeugelektronik programmiert werden, Zweitschlüssel werden umprogrammiert.

Nummernschild geklaut

Verlieren Sie Ihre Kfz-Nummernschilder oder wurden Ihnen die Schilder geklaut, handeln Sie schnell, denn ein Auto ohne Kennzeichen zu fahren, ist illegal und kostet bei einer Verkehrskontrolle 60 Euro. Es sei denn Sie können die Polizei davon überzeugen, dass Sie die Schilder soeben erst verloren haben. Dann dürfen Sie vielleicht ohne Bußgeld noch auf direktem Wege nach Hause fahren.

1 Erstatten Sie bei Diebstahl der Schilder Anzeige. Die Polizei schreibt Ihr Kennzeichen zur Fahndung aus. Sie erhalten eine Verlusterklärung, die Sie vor Verdächtigungen schützt, zum Beispiel, wenn der Dieb mit Ihrem Nummernschild am Auto tankt, ohne zu bezahlen. Informieren Sie auch Ihre Kfz-Versicherung.

2 Haben Sie Ihr Nummernschild nur verloren, reicht es, das der zustän-

Sie benötigen

- **Verlusterklärung**
- **Zulassungsbescheinigung Teil I und II des Fahrzeugs und HU-Bescheinigung**
- **Ausweisdokument**

digen Kfz-Zulassungsstelle zu melden. Nehmen Sie Kfz-Schein, aktuelle Bescheinigung über die Hauptuntersuchung und Ihren Ausweis mit. Bei der Behörde müssen Sie eine eidesstattliche Verlusterklärung abgeben. Melden müssen Sie der Zulassungsstelle auch gestohlene Schilder. Waren Sie vorher nicht bei der Polizei, kostet diese Erklärung Sie rund 30 Euro.

3 Auch verlorene Kennzeichen werden zur Fahndung ausgeschrieben. Das veranlasst die Zulassungsstelle. Sie bekommen ein neues Nummernschild mit einer neuen Zahlen- und Buchstabenkombination. Achtung: Ihre alte Kennung wird für zehn Jahre gesperrt. Die Umkennzeichnung kostet rund 30 Euro, neue Nummernschilder sind für 25 bis 30 Euro zu haben, ein neues Wunschkennzeichen ist um die 10 Euro teurer. Weitere Kosten entstehen für den Ersatz aller Dokumente, in denen die alte Kennzeichennummer vermerkt ist, wie Fahrzeugpapiere oder Umweltplakette. Insgesamt entstehen Ihnen Kosten um die 100 Euro.

4 Um sich den Ärger und die Kosten zu ersparen, die der Verlust von Nummernschildern bereitet, montieren Sie Ihre Kennzeichen möglichst fest am Fahrzeug. Statt sie in eine Plastikhalterung zu stecken, verschrauben Sie sie mit dem Wagen.

Mietwagen buchen

Ob im Urlaub oder auf Geschäftsreise – mit einem Mietwagen sind Sie auch im Ausland überall mobil. Um möglichst günstig zu buchen und nach der Rückgabe des Fahrzeugs keine unliebsamen Überraschungen zu erleben, sollten Sie einiges beachten.

1 Buchen Sie über Portale wie zum Beispiel Billiger-Mietwagen.de, Check24 oder Sunny Cars. Sie hatten bei unserem Test im Herbst 2022 die Nase vorn (test.de/mietwagen). Ihr Vorteil: sie bereiten die Preis- und Mietbedingungen ausländischer Vermieter so auf, dass Sie die Konditionen gut vergleichen und nach Ihren Wünschen filtern lassen können.

Sie benötigen

- **Internetzugang**
- **Führerschein**
- **Personalausweis oder Pass**
- **Kreditkarte**

2 Achten Sie beim Buchen auf den Versicherungsschutz. Schließen Sie unbedingt die Selbstbeteiligung bei der Vollkaskoversicherung aus und versichern Sie auch Reifen, Glas und Unterboden. Sie sind vielerorts kein Bestandteil der Vollkasko. Achten Sie auf einen hohe Deckungssumme bei der Kfz-Haftpflichtversicherung.

3 Beim Abholen des Fahrzeugs brauchen Sie Ihren Voucher, Führerschein und Kreditkarte. Diese muss auf den Namen des Hauptfahrers lauten und eine „echte" Kreditkarte sein. Mit einer Debitkarte können Sie nur buchen. Der Vermieter kann aber keine Kaution blocken. Wichtig: Falls sich Ihr Flug verspätet, informieren Sie Ihren Autovermieter vor Ort. Sonst liefern Sie einen Vorwand, damit er Ihnen das Auto nicht übergibt und die Miete ganz oder teilweise einbehält. Lassen Sie sich am Schalter keine zusätzlichen Versicherungen aufdrängen.

4 Prüfen Sie bei der Abholung, ob das Auto Schäden hat, die nicht im Übergabeprotokoll stehen. Falls Sie welche finden, melden Sie die Schäden dem Vermieter, zum Beispiel, indem Sie sie in die Autoskizze des Übergabeprotokolls einzeichnen und sich vom Vermieter gegenzeichnen lassen. Bei der Rückgabe sollten Sie das Auto von Innen und Außen fotografieren.

Parkschaden regulieren

Es kann jedem Kraftfahrer passieren. Beim Ein- oder Ausparken schätzt man den Abstand falsch ein und stößt mit dem Auto ein anderes Fahrzeug an. Oft sind keine oder nur geringfügige Schäden erkennbar. Dennoch dürfen Sie den Vorfall nicht ignorieren. Was zu tun ist:

1 Halten Sie an und bleiben Sie am Ort. Wenn der Fahrer des beschädigten Fahrzeugs in der Nähe ist, tauschen Sie mit ihm Personalien und Versicherungsdaten aus. Fehlende Angaben können Sie beim Zentralruf der Autoversicherer (0 800/2 50 26 00) abfragen. Bei geringen Sachschäden können Sie den Unfall selbst regeln, ohne die Polizei zu rufen. Es empfiehlt sich, gemeinsam ein Protokoll zu erstellen, in dem Zeitpunkt, Ort und Her-

Sie benötigen

- **Führerschein**
- **Fahrzeugschein**
- **Daten Ihrer Kfz-Versicherung**
- **Formular Unfallbericht**
- **Kamera**

gang erfasst sind. Dafür eigenen sich der Europäische Unfallbericht oder Unfallprotokolle der Versicherungen. Am besten hat man ein Formular im Handschuhfach. Sinnvoll ist, Fotos von beiden Autos und den Beschädigungen zu machen.

2 Ist der Fahrer des beschädigten Wagens nicht in der Nähe, sind Sie verpflichtet, eine angemessene Zeit auf ihn zu warten. Was „angemessen" heißt, ist allerdings nicht festgelegt. Das hängt von Tageszeit, Ort und von der Schwere des Unfalls ab. Die Bayerische Polizei empfiehlt, mindestens eine halbe Stunde zu warten.

3 Falls sich in dieser Zeit niemand meldet, dürfen Sie sich entfernen. Hinterlassen Sie aber Ihren Namen und Ihre Anschrift am beschädigten Fahrzeug, etwa auf einem Zettel an der Frontscheibe. Sie müssen außerdem den Halter des Fahrzeugs unverzüglich verständigen. Wenn Sie ihn nicht kennen oder nicht wissen, wie Sie ihn erreichen, informieren Sie eine nahe gelegene Polizeidienststelle über den Parkunfall und Ihre Beteiligung. Das können Sie auch telefonisch oder online machen. Dazu notieren Sie sich das Kennzeichen des Fahrzeugs und den Standort.

4 Den Schaden am anderen Fahrzeug müssen Sie innerhalb einer Woche Ihrer Kfz-Versicherung schriftlich melden. Innerhalb von 14 Tagen sollten Sie auch die Versicherung informieren, die für den Halter des beschädigten Fahrzeugs zuständig ist.

Pkw von privat kaufen

Die Nachfrage nach gebrauchten Autos liegt hierzulande höher als das Kaufinteresse an Neuwagen. Beim Kauf von privat gibt es zwar keine Garantie, aber die Preise sind oft günstiger als beim Händler. Aber Achtung: Schon kleine Hinweise, dass etwas nicht stimmt, sind Grund genug, nicht zu kaufen.

1 Checken Sie Angebote auf Internetbörsen wie Mobile.de oder Autoscout24. Dort geben Sie Ihr gewünschtes Modell ein, den Maximalpreis und Merkmale wie E-Antrieb. Wichtig sind Baujahr und Kilometerstand.

2 Nehmen Sie Kontakt zum Verkäufer auf, um Aspekte zu klären, die oft in Inseraten fehlen: Wie lange besitzt er das Auto? Warum will er verkaufen? Gab es Reparaturen? Belege dafür? Wie alt sind die Reifen? Gibt es

Sie benötigen

- **Kaufvertragsformular**
- **Personalausweis**
- **Bargeld**
- **Am besten eine fachkundige Person als Begleitung**

Winterreifen? Wann ist die nächste Hauptuntersuchung? Ist der Preis verhandelbar? Hören Sie aufs Bauchgefühl: Beantwortet der Verkäufer Fragen nicht oder wirkt komisch – Finger weg!

3 Besichtigen Sie das Auto, am besten mit einer Person, der sich auskennt. Checklisten gibt es im Internet. Hat das Auto Kratzer, Beulen, Flecken im Polster, Öl im Motorraum, Rost an Radläufen? Profiltiefe der Reifen? Funktionieren Licht, Blinker, Lüftung, Wischer? Der Verkäufer sollte den Kilometerstand im Kaufvertrag schriftlich garantieren. Heißt es „Km-Stand laut Tacho“ oder „soweit bekannt“, können es mehr sein, wenn der Tacho zurückgedreht wurde. Passen die Zeitabstände der Wartungstermine in etwa zu den jeweiligen angegebenen Kilometerleistungen?

4 Kein Kauf ohne Probefahrt: durch die Stadt, über Holperstrecken, auf die Autobahn. Klappert etwas? Wie sind die Bremsen? Wir empfehlen, das Auto während der Probefahrt in einer Werkstatt prüfen zu lassen.

5 Kaufvertragsformulare gibts im Internet, etwa unter adac.de (Suchworte „Auto Kaufvertrag“). Halten Sie im Vertrag alle Zusagen des Verkäufers schriftlich fest. Sind die Papiere vollständig, Zulassung 1 und 2? Checkheft? Tüv- oder Dekra-Berichte? Passt die Fahrzeugnummer in den Papieren zu der im Auto? Sie steht meist im Motorraum oder am Türrahmen. Fotografieren Sie den Personalausweis des Verkäufers. Bezahlt wird meist bar. Überfällen beugen Sie vor, indem Sie eine Begleitperson mitnehmen und nicht an unbelebte Stellen gehen.

Abfrage in Flensburg

Verstoßen Sie gegen Straßenverkehrsregeln, können Sie einen Eintrag im Fahreignungsregister bekommen. Man spricht auch von „Punkten in Flensburg", weil das Kraftfahrt-Bundesamt (KBA), welches das Register führt, dort seinen Sitz hat. Sie können Ihren Punktestand kostenlos abfragen. So gehts:

1 Am schnellsten funktioniert die Abfrage mit Ihrem Personalausweis mit aktivierter Onlinefunktion und ein NFC-fähiges Smartphone. Unter personalausweisportal.de erfahren Sie mehr zum elektronischen Ausweis.

2 Öffnen Sie auf Ihrem Smartphone die Webseite kba-online.de und tippen Sie auf „Online-Registerauskunft". Wählen Sie die gewünschte Auskunft aus. Klicken Sie anschließend auf „weiter mit BundID", um ein Aus-

Sie benötigen

- Personalausweis mit aktivierter Online-Ausweisfunktion
- Smartphone mit AusweisApp oder
- Personalausweis oder Reisepass, Internetzugang und Drucker

weisdokument für die nötige Identifizierung auszuwählen.

3 Folgen Sie den Anweisungen der AusweisApp. Stimmen Sie gegebenenfalls der Einwilligungserklärung zu, um sich innerhalb der AusweisApp zu identifizieren. Dafür müssen Sie Ihre sechsstellige PIN eingeben.

4 Wenn die App Ihren Ausweis erfolgreich ausgelesen hat, werden Sie wieder auf die Webseite des KBA geleitet. Dort müssen Sie gegebenenfalls noch einige Angaben ergänzen. Anschließend können Sie Ihre Auskunft als PDF-Datei herunterladen.

Alternativ auf dem Postweg

Die Auskunft ist auch weiterhin ohne die Online-Ausweisfunktion des Personalausweises möglich. Auf der Webseite kba.de finden Sie dafür den „Antragsvordruck auf Auskunft aus dem Fahreignungsregister". Drucken Sie das Formular aus, füllen Sie es aus und senden Sie es unterschrieben und mit einem Identitätsnachweis an das Kraftfahrt-Bundesamt, 24932 Flensburg.

Geld und Finanzen

Geld spenden, aber richtig • VL richtig beantragen • Beschädigtes Bargeld • Passenden ETF finden • Zahnarztrechnung prüfen • Mit dem Handy zahlen • Haushaltshilfe beantragen • Gold richtig kaufen • Geld im Mutterschutz • Lastschrift zurückholen • Paypal-Konto einrichten • Günstiges Girokonto • Elster-Zugang verlängern • Krypto-Broker einrichten

Geld spenden, aber richtig

Sie wollen Geld spenden und sicher sein, dass Sie nicht auf unseriöse Sammler hereinfallen? So treffen Sie eine vernünftige Entscheidung:

1 Wenn Spendensammler an Ihrer Tür Druck machen, das Informationsmaterial sehr mitleiderregend aufgemacht ist oder Sie am Straßenstand dazu gedrängt werden, schnell eine Fördermitgliedschaft zu unterschreiben, deutet das auf mangelnde Seriosität hin. Nutzen Sie also Ihren gesunden Menschenverstand. Wenn Ihnen Spendenwerber keine Zeit lassen oder auf die Tränendrüse drücken, sollten sie von Ihnen kein Geld bekommen.

2 Sie haben eine Spendeneinrichtung ins Auge gefasst? Dann fühlen Sie ihr ruhig auf den Zahn. Ein gutes Zeichen ist es, wenn sie vom Finanzamt als gemeinnützig anerkannt ist, also steuerlich begünstigt wird. Ein weiteres Indiz für Seriosität ist Auskunftsfreude. Wollen Sie eine größere Summe spenden , fordern Sie ruhig den Jahresbericht an. Gut ist es, wenn daraus hervorgeht, welcher Anteil des Spendengeldes für Werbung und Ver-

Sie benötigen

- Geld
- Hilfsbereitschaft
- Gesunden Menschenverstand
- Internetzugang – wenn möglich

waltung verwendet wird. Sind die Zahlen nebulös, sollten Sie weitersuchen.

3 Achten Sie auf das Spendensiegel des Deutschen Zentralinstituts für soziale Fragen (DZI). Es ist aussagekräftiger als andere Label. Rund 230 Organisationen, die im Internet unter dzi.de zu finden sind, tragen es momentan. Sie lassen sich jährlich nach strengen Kriterien prüfen. Um das Siegel zu bekommen, dürfen Organisationen maximal 30 Prozent der Ausgaben für Verwaltung und Werbung verwenden. Gibt eine Organisation bis zu 10 Prozent dafür aus, werden die Verwaltungs- und Werbekosten als „niedrig" eingestuft, 10 bis 20 Prozent sind „angemessen" und 20 bis 30 Prozent „vertretbar". Auch eine Warnliste, mit Organisationen, die nicht spendenwürdig sind, finden Sie auf der Webseite des DZI.

4 Hat Ihre Wunscheinrichtung kein Spendensiegel, ist sie nicht unbedingt unseriös. Kleine Firmen beantragen das Siegel oft nicht, weil das mit Kosten verbunden ist. Das DZI hält aber auch über viele dieser Organisationen Informationen bereit. Für Anfragen sollten Sie den Vordruck auf dzi.de ausdrucken, darin maximal drei Organisationen eintragen und an das DZI senden (Bernadottestr. 94, 14195 Berlin).

Spenden absetzen

Spenden bis zur Höhe von 20 Prozent Ihres Einkommens können Sie steuerlich absetzen, wenn die Spenden-Einrichtung gemeinnützig ist. Bei Beträgen bis zu 300 Euro reicht ein Einzahlungsbeleg, bei höheren brauchen Sie eine Spendenbescheinigung.

VL richtig beantragen

Mit vermögenswirksamen Leistungen (VL) unterstützen viele Arbeitgeber ihre Beschäftigten beim Vermögensaufbau. Sie müssen diese aber beantragen, sonst verfallen eventuelle Zuschüsse. Da manche Chefs bis zu 40 Euro pro Monat spendieren, ergibt das über Jahre eine stattliche Summe. Diese sollten Sie nicht verschenken. Wir erklären, wie es geht:

1 Schauen Sie in Ihren Arbeits- oder Tarifvertrag oder fragen Sie bei Ihrer Personalstelle, ob Ihnen Ihre Firma vermögenswirksame Leistungen gewährt.

2 Suchen Sie sich einen Anbieter. VL können etwa in Fonds, Banksparpläne oder Bausparverträge investiert werden. Die besten Angebote finden Sie unter: test.de/vl.

Sie benötigen

- Arbeits- oder Tarifvertrag
- Computer oder Smartphone mit Internetzugang
- Personalausweis zur Legitimierung

3 Schließen Sie einen Vertrag ab. Das geht meistens einfach über Onlineformulare. Im Verlauf müssen Sie sich mit einem Ausweisdokument legitimieren. Das können Sie über einen Video-Chat am Computer oder Smartphone machen oder in einer Postfiliale.

4 Überlegen Sie, ob Sie den Betrag Ihres Arbeitgebers aufstocken wollen. Das lohnt sich, wenn Sie mit Ihrem VL-Vertrag Konditionen bekommen, die Sie sonst nicht erhalten würden, etwa bei Banksparplänen.

5 Sie bekommen von Ihrem VL-Anbieter die Bestätigung der Eröffnung mit einem Exemplar für Ihren Arbeitgeber. Dieses schicken Sie mit der Angabe des gewünschten Betrags an Ihre Personalabteilung. Sie überweist den kompletten Betrag direkt an den Anbieter. Den Zahlungsfluss können Sie auf Ihrer Gehaltsabrechnung überprüfen.

6 Prüfen Sie, ob Sie Anspruch auf staatliche Förderung haben. Geringverdiener bekommen eine Arbeitnehmersparzulage für Aktienfonds, Bausparverträge und die Tilgung eines Baukredits. Für die jeweiligen Förderungen gibt es Einkommensgrenzen, bei Fondsverträgen etwa liegt diese bei 40 000 Euro für Alleinstehende. Sie beantragen die Förderung in Ihrer Steuererklärung. Beim Bausparen gibt es außerdem eine Wohnungsbauprämie.

Beschädigtes Bargeld

Ist Ihr Geldschein zerrissen oder haben Sie ihn mitgewaschen? Hat Ihre Katze eine Banknote zerfetzt? Oder haben Sie durch Flut oder Brand viel zerstörtes Bargeld? Keine Angst: Auch beschädigte Scheine oder Münzen bleiben ein gültiges Zahlungsmittel. Flutgeld hat etwa die Bundesbank in Wäschetrocknern getrocknet.

1 Selbst, wenn Scheine verbrannt und Münzen bis zur Unkenntlichkeit schwarz sind, können Sie diese umtauschen. Sie brauchen dafür aber so viel wie möglich von den Resten des Bargelds. Denn Sie müssen für einen Umtausch mindestens die Hälfte des beschädigten Geldes vorlegen können.

2 Sammeln Sie alle Stücke des Geldscheins oder der Münzen, die beschädigt sind. Achten Sie beim Ver-

Sie benötigen
- Die beschädigten Scheine oder Münzen
- Formular „Erstattungsantrag für beschädigte Euro und DM-Banknoten und Münzen"
- Filiale Ihrer Bank, Sparkasse oder eine Adresse der Bundesbank

packen von verbrannten Banknoten darauf, dass keine Festkörper wie Münzen die Asche während des Transports weiter zerstören. Verbrannte Scheine sollten Sie deshalb separat einpacken.

3 Laden Sie sich von der Internetseite der Bundesbank (bundesbank.de) den Vordruck „Erstattungsantrag für beschädigte Euro und DM-Banknoten und Münzen" herunter und füllen Sie ihn aus – ganz gleich, ob Sie das Geld zu einer Bank bringen oder per Post einsenden. Bei kleinen Beträgen und offensichtlichen Schädigungen – etwa, wenn ein Schein in der Mitte durchgerissen ist und beide Teile vorliegen – kann der Betrag bei der Bundesbank direkt erstattet werden. Alles andere wandert an das Nationale Analysezentrum für beschädigtes Bargeld in Mainz. Dort werden alle Anträge geprüft und bearbeitet. Es dauert bis zu drei Monate, in komplizierten Fällen auch länger, bis das Geld auf dem angegebenen Konto gutgeschrieben ist.

4 Gehen Sie mit dem kaputten Geld und den Unterlagen zu einer Bankfiliale. Sind die Mitarbeiter dort nicht bereit, Ihren Antrag an die Bundesbank weiterzuleiten, wenden Sie sich an eine Filiale der Bundesbank.

Alternative
Schicken Sie per Post das Geld und die erste Seite des Erstattungsformulars an die Deutsche Bundesbank, Hegelstraße 65, H 313, 55122 Mainz. Senden Sie das Geld am besten versichert. Erkundigen Sie sich beim Aufgeben, welche Möglichkeiten es dafür gibt.

Passenden ETF finden

Sie wollen sich an den Aktienmarkt wagen und suchen eine sinnvolle Langfristanlage? Dann eignen sich Fonds, die einen Index nachzeichnen, auch bekannt als ETF (Exchange Traded Funds). Ein Wertpapierdepot, wie man es auch für Aktien benötigt, reicht, um loszulegen.

1 Wählen Sie eine Fondsgruppe aus. Als Einsteiger beginnen Sie am besten mit einem ETF, der weltweit investiert. Ein Blick in unsere regelmäßig aktualisierten Fondstabellen (siehe test.de/fonds) in die Fondsgruppe „Aktien Welt" zeigt, die Auswahl an passenden ETF ist groß.

2 Für die Basisanlage eignen sich ETF mit der Bewertung „1. Wahl". Das bedeutet: Diese Fonds sind typisch

Sie benötigen:

- **Wertpapierdepot bei einer Filialbank, einer Direktbank oder einem Smartbroker Ihrer Wahl**
- **Fondstabellen der Stiftung Warentest**

für den Markt, den sie abbilden. Die meisten dieser 1.-Wahl-ETF bilden den Weltaktienindex MSCI World nach, der passt auf jeden Fall. Wollen Sie auch Aktien aus Schwellenländern haben, nehmen Sie etwa den MSCI All Country World Index.

3 Nun kommt es darauf an, wie Sie investieren wollen. Möchten Sie in regelmäßigen Raten sparen? Dann schauen Sie, für welche ETF Ihre Bank Sparpläne anbietet. Manchmal gibt es auch für ETF eines bestimmten Anbieters Sonderangebote. Wenn Sie eine Einmalanlage machen wollen, müssen Sie bei Ihrer Bank eine Börsenorder aufgeben. Suchen Sie sich einfach einen der mit 1. Wahl ausgezeichneten ETF aus. Kosten- oder Renditeunterschiede spielen bei der Auswahl eine untergeordnete Rolle.

4 Nicht in allen ETF sind tatsächlich die Wertpapiere aus dem Index. Manche Fonds bilden ihn künstlich mit sogenannten Tauschgeschäften (Swaps) ab. Aus unserer Sicht spielt die Nachbildungsmethode eine untergeordnete Rolle. Wenn es Ihnen jedoch lieber ist, dass Ihr ETF die Wertpapiere aus dem Index tatsächlich kauft, wählen Sie einen physisch replizierenden Fonds. Swap-ETF sind in unseren Tabellen mit einer Fußnote gekennzeichnet.

5 Überlegen Sie, was mit den Dividenden passieren soll. Soll der Fonds sie direkt wieder in den Kauf neuer Aktien investieren, wählen Sie einen thesaurierenden ETF. Sonst nehmen Sie die ausschüttende Variante.

Zahnarztrechnung prüfen

Der Besuch beim Zahnarzt kann teuer werden. Da die Beträge im Heil- und Kostenplan Schätzwerte sind, können die tatsächlichen Kosten auf der Schlussrechnung davon abweichen. Prüfen Sie Ihre Zahnarztrechnungen.

1 Vor Beginn der Behandlung muss der Zahnarzt einen Heil- und Kostenplan erstellen. Darin sind die Kosten für die Behandlung, Labor und Material aufgeführt. Bei Zahnersatz trägt die Krankenkasse nur einen Festzuschuss von 60 Prozent. Bei Privatpatienten hängt das vom Tarif ab. Den Rest zahlt der Patient selbst. Vergleichen Sie die Rechnung mit dem Heil- und Kostenplan.

2 Haben Sie keinen Heil- und Kostenplan erhalten, könnten Sie sich weigern, die Rechnung zu begleichen. Die Praxen sind dazu verpflichtet, vorab schriftlich über die Selbstzahlerleistungen aufzuklären. Der Rechnungsbetrag darf 15-20 Prozent von der Prognose des Heil- und Kostenplans abweichen. Der Zahnarzt sollte Ihnen erklären warum. Bei der Abrechnung des Behandlungshonorars gilt der 2,3-fache Satz

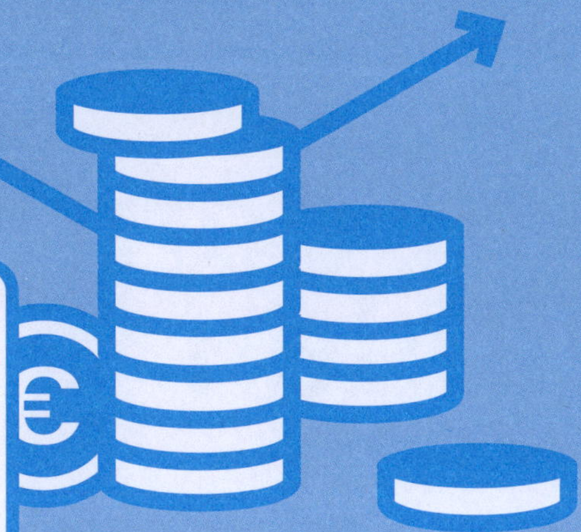

Sie benötigen:

- **Zahnarztrechnung**
- **Heil- und Kostenplan**
- **Kostenvoranschlag des Dentallabors**
- **Gebührenordnung für Zahnärzte (kostenlos unter bzaek.de/goz)**

als Richtwert. Wenn der Zahnarzt den 3,5-fachen Satz oder mehr angesetzt hat, muss er das begründen. Zum Beispiel, weil während der Behandlung unvorhergesehen Schwierigkeiten auftraten oder sie weitaus länger dauerte als erwartet.

3 Nehmen Sie sich jetzt die Steigerungssätze für jeden Rechnungsposten vor. Alles zwischen dem 2,3- und 3,5-fachen Satz muss in der Rechnung begründet sein. Wichtig: Größere Steigerungsfaktoren als 3,5 sind nur dann zulässig, wenn Sie das vorab schriftlich mit dem Zahnarzt vereinbart haben.

4 Wurden Sie vorher nicht aufgeklärt, verstehen Sie nicht, warum die Kosten höher sind als veranschlagt, wurden andere Leistungen erbracht als abgesprochen? Fragen Sie bei Ihrer Zahnärztin oder Ihrem Zahnarzt nach. Manche Missverständnisse lassen sich leicht klären. Kommen Sie nicht zu einer Einigung, widersprechen Sie der Rechnung schriftlich und bitten Sie um Zahlungsaufschub.

5 Haben Sie noch immer Fragen oder kommen Sie bei Ihrem Zahnarzt nicht weiter, lassen Sie die Rechnung bei einer Patientenberatungsstelle der Landeszahnärztekammer prüfen. Das ist in einigen Bundesländern auch kostenlos (bzaek.de). Rat holen können sich Patienten bei Streit um die Zahnarztrechnung auch bei der eigenen Krankenkasse, bei den Verbraucherzentralen und der Bundesarbeitsgemeinschaft der PatientInnenstellen (bagp.de).

Mit dem Handy zahlen

Das kontaktlose Bezahlen verbreitet sich seit einiger Zeit in vielen Geschäften. Es funktioniert mit Bankkarten, Kreditkarten oder mit Apps auf Smartphones. Die Vorteile: Das Portemonnaie kann zu Hause bleiben und auch bei großen Beträgen ist keine Pin-Eingabe nötig, denn die Authentifizierung läuft übers Mobiltelefon.

1 Auf iPhones gibt es Apple Pay, auf anderen Smartphones verschiedene Bezahl-Apps, darunter Google Pay. Ob das jeweilige System mit Ihrer Bank funktioniert, können Sie auf deren Webseite herausfinden oder Sie fragen Ihren Kundenberater. Bei Google Pay können Sie alternativ auch ein Paypal-Konto mit jeglichem hinterlegten Bankkonto verwenden.

Sie benötigen

- Smartphone mit NFC
- Kreditkarte/Girocard einer unterstützten Bank oder Paypal-Konto

2 Auf iPhones öffnen Sie zum Einrichten die App „Wallet". Auf Ihrem Android-Handy laden Sie sich die App „Google Pay" aus dem Play Store herunter und starten sie. Über das Plussymbol beginnen Sie mit dem Prozess, Ihr Konto mit dem Zahlungssystem zu verbinden. Geben Sie den Namen Ihrer Bank ein.

3 Als nächstes werden Sie in die App der Bank geleitet oder aufgefordert, Ihre Bankkarte mit der Handykamera zu scannen. Gegebenenfalls müssen Sie fehlende Informationen wie die Kartenprüfnummer ergänzen und einen Code eingeben, den die Bank Ihnen per SMS schickt. Bei Android-Smartphones müssen Sie unter Umständen die Funktion NFC manuell in den Einstellungen aktivieren.

4 Sie sind bereit für die erste Zahlung mit dem Handy. Dafür entsperren Sie Ihr Android-Telefon an der Kasse wie gewohnt und halten es mit der Rückseite an das Kartenlesegerät. Wenn Sie ein iPhone nutzen, authentifizieren Sie sich entweder über einen Code, Face ID oder Touch ID. Anschließend halten Sie das Telefon ebenfalls an das Kartenlesegerät. Hat das Bezahlen funktioniert, erscheint auf allen Geräten eine Bestätigung, zum Beispiel ein Häkchen.

Haushaltshilfe beantragen

Einkaufen, Staubsaugen, Wäsche waschen und Abspülen? Wenn ein gesetzlich Krankenversicherter seinen Haushalt wegen einer schweren Erkrankung nicht selbst führen kann und es niemandem gibt, der das für ihn übernimmt, bezahlt die Krankenkasse in bestimmten Fällen eine Haushaltshilfe.

1 Fragen Sie Ihre Krankenkasse, wie lange sie die Unterstützung in Ihrem Fall gewährt. Jede Kasse zahlt bis zu vier Wochen Hilfe, etwa wenn der Versicherte allein lebt, nach einer Operation aus dem Krankenhaus kommt und es keinen gibt, der ihn zu Hause unterstützt. Wer Kinder unter zwölf Jahren hat, schwer erkrankt, ins Krankenhaus oder zur Reha an einen anderen Ort muss, kann sogar bis längstens 26 Wochen Hilfe bekommen. Einige

Sie benötigen

- **Antrag auf Haushaltshilfe (kann bei der Krankenkasse angefordert oder von der Internetseite heruntergeladen werden)**
- **Termin beim behandelnden Arzt**

Kassen zahlen darüber hinaus zum Beispiel auch bei akuten Erkrankungen oder wenn kein Kind zum Haushalt gehört.

2 Bevor Sie eine Haushaltshilfe beauftragen, müssen Sie mit Ihrem behandelnden Arzt zusammen einen Antrag stellen. Gemeinsam füllen Sie das Formular aus, das Sie bei Ihrer Krankenkasse besorgt haben. Darin muss beschrieben sein, warum Sie Unterstützung brauchen und wie viel. Die vom Arzt unterschriebene Bescheinigung senden Sie anschließend an Ihre Krankenkasse.

3 Um die Organisation der Haushaltshilfe kümmert sich in der Regel Ihre Krankenkasse. Sie hat Verträge mit Sozialstationen und privaten Dienstleistern, die die Unterstützung im Alltag wie Putzen oder Einkaufen übernehmen. Soll ein Verwandter bis zum zweiten Grad helfen – etwa Ihre Schwester, der Schwager oder die erwachsene Tochter –, erstattet die Kasse Fahrtkosten und Verdienstausfall bis zu einer „angemessenen" Höhe.

4 Nachdem Ihnen die Kasse den positiven Bescheid zugeschickt hat, vereinbaren Sie mit dem Anbieter der Hilfe Termine, wann die Haushaltshilfe zu Ihnen kommt. Er rechnet die Kosten mit der Kasse direkt ab. Sie selbst leisten eine gesetzliche Zuzahlung: 10 Prozent der Kosten pro Einsatz – mindestens 5 Euro und höchstens 10 Euro. Den Eigenanteil überweisen Sie an Ihre Krankenkasse.

Gold richtig kaufen

Wollen Sie physisches Gold als Geldanlage kaufen, dann sollten sie ein paar Regeln beachten: Gold bietet keine Sicherheit in Krisenzeiten, sondern ist eine spekulative Anlage. Es wirft keine Zinsen und keine Dividenden ab. Sie sollten es in einem sicheren Tresor oder in einem Bankschließfach verwahren. Das kostet.

1 Kaufen Sie nur Gold von dem Geld, das Sie mindestens drei Jahre nicht brauchen. Sie sollten nicht mehr als 10 Prozent Ihres Vermögens in dem gelben Metall anlegen. Lösen Sie für den Kauf keine sicheren Geldanlagen auf.

2 Sie können Goldbarren oder gängige Goldmünzen kaufen. Barren sind für Summen über 1000 Euro geeignet. Sie sollten einen Feingoldgehalt von 999,9 haben. Am besten sind Barren mit Goldprägestempeln von

Sie benötigen

- Geld
- Bankschließfach
- Internetzugang

Heraeus, Umicore, Valcambi oder Perth Mint. Diese Firmen haben ein Zertifikat der Londoner Bullion Market Association (LBMA). Barren lassen sich leicht verkaufen. Kleinstbarren bis 5 Gramm eignen sich aber nicht als Geldanlage, denn der Unterschied zwischen dem An- und Verkaufskurs ist zu groß.

3 Münzen kommen für kleinere Beträge infrage. Investieren Sie nur in international anerkannte Goldanlagemünzen, für die täglich An- und Verkaufskurse ermittelt werden. Zu den beliebtesten Münzen hierzulande zählen Krügerrand, Eagle, Maple Leaf, Britannia, Wiener Philharmoniker und Känguru. Sammlermünzen, Medaillen oder Goldschmuck sind als Geldanlage nicht geeignet. Sie lassen sich schwer verkaufen.

4 Kaufen Sie Gold am besten bei einer Bank oder einem Edelmetallhändler vor Ort am Schalter. Vergleichen Sie zuvor die aktuellen Preise auf den Internetseiten der Anbieter. Wer Barren und Münzen im Internet kauft, muss meist in Vorkasse gehen. Dann riskieren Sie bei Insolvenz des Händlers, dass Ihr Geld weg ist, ohne Ihr Gold in den Händen zu halten.

Geld im Mutterschutz

Sind Sie Arbeitnehmerin und gesetzlich krankenversichert, steht Ihnen während des Mutterschutzes für sechs Wochen vor der Geburt, den Entbindungstag und die ersten acht bis zwölf Wochen nach der Geburt das Mutterschaftsgeld zu.

1 Informieren Sie sich über die Details: Die Höhe des Mutterschaftsgeldes richtet sich nach Ihrem durchschnittlichen Nettoeinkommen der letzten drei Monate vor Beginn der Mutterschutzfrist. Ihre Krankenkasse zahlt davon 13 Euro am Tag, Ihr Arbeitgeber den Rest. Als Privatversicherte erhalten Sie den gleich hohen Arbeitgeberanteil und einmalig 210 Euro vom Bundesamt für Soziale Sicherung (siehe bundesamtsozialesicherung.de).

Sie benötigen

Vor der Geburt:
- **Bescheinigung „Zeugnis über den mutmaßlichen Tag der Entbindung" – zweifach ausgestellt**
- **Antragsformular Ihrer Krankenkasse**

Nach der Geburt:
- **Geburtsurkunde**

2 Lassen Sie sich von Ihrer Frauenarztpraxis oder von Ihrer Hebamme eine Bescheinigung über den errechneten Entbindungstermin in zweifacher Ausfertigung ausstellen. Stellen Sie schnellstmöglich den Antrag bei Ihrer gesetzlichen Krankenkasse und fügen Sie die erste Bescheinigung bei – häufig geht das online. Beantragen Sie mit der zweiten Bescheinigung bei Ihrem Arbeitgeber dessen Zuschuss zum Mutterschaftsgeld.

3 Den Betrag für die ersten sechs Wochen der Mutterschutzfrist überweist Ihre Krankenkasse vor dem errechneten Geburtstermin. Mit der Bewilligung schickt Ihre Krankenkasse auch den Antrag auf Familienversicherung für Ihr Kind sowie die „Erklärung für die Zahlung von Mutterschaftsgeld".

4 Innerhalb einer Woche muss die Geburt beim zuständigen Standesamt gemeldet werden. Haben Sie Ihr Kind im Krankenhaus, Geburtshaus oder einer Geburtsklinik zur Welt gebracht, kümmern sich diese um die amtliche Anmeldung und die Geburtsurkunde. Wurde Ihr Kind zu Hause geboren, stellt die Hebamme eine Geburtsbescheinigung aus. Diese müssen Sie selbst dem Standesamt vorlegen, um die Geburtsurkunde zu erhalten.

5 Sobald Ihnen die Geburtsurkunde vorliegt, schicken Sie eine Kopie und die ausgefüllte „Erklärung für die Zahlung von Mutterschaftsgeld" an Ihre Krankenkasse und an Ihren Arbeitgeber. Sie erhalten daraufhin den zweiten Teil des Mutterschaftsgeldes.

Lastschrift zurückholen

Eine Lastschrift vereinfacht vor allem wiederkehrende Zahlungen, bei denen die Beträge sich häufiger ändern. Mit einer Einzugsermächtigung gewähren Sie einem Vertragspartner das Recht, den geschuldeten Betrag von Ihrem Konto abzubuchen. Läuft etwas falsch, können Sie sich das Geld zurückholen.

1 Ein Komma zu wenig beim Überweisungsbetrag oder gar Betrug – eine falsche Abbuchung auf Ihrem Kontoauszug ist kein Grund zur Panik. Prüfen Sie zunächst die Berechtigung der Buchung und ob der Rechnungsbetrag mit dem vom Konto abgebuchten Betrag übereinstimmt.

2 Ist ein Betrag tatsächlich falsch abgebucht, können Sie die Lastschrift zurückbuchen lassen und sich

Sie benötigen

- Kontaktdaten Ihrer Bank

so den Betrag zurückholen. Sie haben dafür acht Wochen Zeit – ab dem Tag, an dem die Buchung Ihr Konto belastet. Die Acht-Wochen-Frist gilt für genehmigte Lastschriften, also Abbuchungen, für die Sie als Kontoinhaber eine Einzugsermächtigung erteilt haben. Davon zu unterscheiden sind ungenehmigte Lastschriften, für die Sie keine Ermächtigung erteilt haben. Eine solche widerrechtliche Lastschrift können Sie bis zu 13 Monate lang zurückbuchen lassen.

3 Beauftragen Sie Ihre Bank schriftlich, den falsch oder unberechtigt abgebuchten Betrag zurückzuholen. Geben Sie dafür den Betrag an, das Datum der Abbuchung und den Beteiligten der Lastschrift. Bei vielen Anbietern können Sie die Rückbuchung im Onlinebanking direkt selbst auslösen.

Erkennen und melden Sie die unautorisierte Abbuchung innerhalb der genannten Fristen, erhalten Sie den Betrag von Ihrer Bank gutgeschrieben. Durch den Widerruf einer Lastschrift werden keine Kosten verursacht.

Wichtig

Haben Sie einen Fehler gemacht und die Lastschrift zu Unrecht zurückbuchen lassen, kann die Gegenseite diese erneut auslösen und in Rechnung stellen. Eine Rückgabe ist nur beim Lastschriftverfahren möglich, nicht bei Abbuchungsaufträgen und Überweisungen.

Paypal-Konto einrichten

Mit dem Zahlungsdienst Paypal können Sie sicher im Internet bezahlen, wenn für Ihren Kauf der Käuferschutz aktiviert ist. Diese Bezahlform wird von vielen Onlinehändlern angeboten. Die Händler sehen keine Bankdaten, das Geld geht direkt an den Empfänger. Wir erklären, wie Sie den Dienst nutzen können:

1 Voraussetzung für die Nutzung des Zahlungsdienstes ist das Einrichten eines Paypal-Kontos und die Hinterlegung eines Bankkontos oder einer Kreditkarte. Laden Sie sich zunächst die Paypal-App auf Ihr Smartphone. Öffnen Sie die App und verifizieren Sie sich mit Ihrer Handynummer. Wählen Sie aus, ob Sie das Paypal-Konto als Privat- oder Geschäftskonto nutzen wollen.

Sie benötigen

- **Smartphone**
- **Bankkonto oder Kreditkarte**
- **Paypal-App**
- **Internetzugang**

2 Geben Sie als nächstes Ihre E-Mail-Adresse an und legen Sie ein Passwort fest. Tragen Sie im Anschluss Schritt für Schritt Ihre in der App angeforderten Daten ein.

3 Nun können Sie entscheiden, ob Sie für die Zahlungsabwicklung Ihr Girokonto oder eine Kreditkarte registrieren möchten. Für das Konto geben Sie Ihr Geburtsdatum sowie Ihre Bankdaten an, für die Kreditkarte Kartennummer, Kartentyp, Gültigkeit und Prüfnummer. Zusätzlich müssen Sie Ihre Rechnungsadresse in der App angeben.

4 Paypal überweist Ihnen nun 1 Cent auf Ihr Girokonto, um zu prüfen, ob Ihr Konto existiert. Im Verwendungszweck teilt Ihnen Paypal dabei einen vierstelligen Code mit. Klicken Sie auf „Zahlencode anfordern" und die Überweisung wird veranlasst. Das Vorgehen ist gleich, egal, ob Sie Konto oder Kreditkarte als Zahlungsmittel hinterlegen.

5 Nach ein bis zwei Tagen ist die Überweisung von Paypal auf Ihrem Konto mit dem Code eingegangen. Klicken Sie in Ihrem Paypal-Konto auf „Bankkonto bestätigen" und geben den vierstelligen Code ein. Damit haben Sie Ihr Paypal-Konto eröffnet.

Tipp

Falls Sie mit der Paypal-App nicht über Ihr Smartphone bezahlen wollen, können Sie den Bezahldienst alternativ auch am PC über die Webseite paypal.de nutzen.

Günstiges Girokonto

Ein Girokonto braucht in Deutschland fast jeder: Dorthin überweist der Arbeitgeber den Lohn oder die Familienkasse das Kindergeld. Auch regelmäßige Überweisungen wie die Miete gehen vom Konto ab. Aber oft sind die Kontoführungsgebühren sehr hoch. Hier zeigen wir, wie Sie das für Sie günstigste Girokonto auswählen.

1 Rufen Sie unseren Girokonto-Finder (kostenpflichtig) unter test.de/girokonten auf. Wenn Sie vor allem Wert auf ein gebührenfreies Girokonto legen, wählen Sie den Schnellfilter „Gratiskonto ohne Wenn und Aber“ oder „Kostenlose Konten mit Bedingungen“. Für die dort gelisteten Konten werden keine Gebühren fällig, wenn Sie gewisse Voraussetzungen erfüllen – etwa einen monatlichen Gehaltseingang in bestimmter Höhe. Meist handelt es

Sie benötigen

- Internetzugang

sich um Angebote von Direktbanken oder das Online-Kontomodell einer Filialbank oder Sparkasse.

2 Wollen Sie gern ein Girokonto bei einer Bank mit Filialen vor Ort, wählen Sie in der Filterleiste „Bundesland" sowie „Bank mit Filialen" aus. Nun sehen Sie alle bundesweiten Anbieter sowie alle in unserem Vergleich gelisteten Banken und Sparkassen, die Filialen in Ihrem Bundesland anbieten. Kleinere Volksbanken und Sparkassen führen wir allerdings nicht auf. Deren Konditionen müssen Sie gegebenenfalls auf der bankeigenen Homepage suchen. Vergleichen Sie sie dann mit den Angeboten der in unserer Datenbank gelisteten Banken, die eine Filiale in Ihrer Nähe haben.

3 Sie können Ihre Auswahl mittels der wählbaren Filter weiter verfeinern und eigene Prioritäten wählen: Möchten Sie etwa Überweisungen per Beleg tätigen und das möglichst günstig? Bevorzugen Sie ein bestimmtes Tan-Verfahren beim Onlinebanking? Ist Ihnen ein geringer Dispozins wichtig? Unsere Filter liefern passende Angebote. Mit der „Vergleichen"-Funktion erzeugen Sie eine Übersicht, in der Sie alle ausgewählten Girokontomodelle mit deren wichtigsten Vergleichsmerkmalen nebeneinander sehen. Daraus können Sie mit einem Klick ein PDF erstellen, das sich bequem ausdrucken lässt.

Elster-Zugang verlängern

Sie nutzen schon länger das Onlineportal der Finanzverwaltung Elster.de, um Ihre Steuererklärung zu erledigen oder Anträge beim Finanzamt zu stellen? Haben Sie sich bei der Registrierung für einen Zugang per Zertifikatsdatei entschieden, müssen Sie mit der Zeit aktiv werden: Ihr Zertifikat läuft nach drei Jahren ab. Es sei denn, Sie verlängern es.

1 Loggen Sie sich kurz vor Ablauf Ihres aktuellen Zertifikats im Portal Elster.de ein, werden Sie automatisch über die anstehende Verlängerung informiert. Zusätzlich erhalten Sie mehrere E-Mails, die Sie auf das baldige Ablaufdatum der Zertifikatsdatei hinweisen.

2 Melden Sie sich, wenn möglich, spätestens nach Erhalt einer solchen E-Mail bei Elster.de an. Nutzen

Sie benötigen

- **Einen Computer oder ein Smartphone**
- **Ihre aktuellen Zugangsdaten für Ihr Konto auf Elster.de**

Sie dazu wie bisher Ihre aktuelle Zertifikatsdatei und geben Sie Ihr Passwort ein. Danach wird Ihnen automatisch eine neue Datei zum Download angeboten. Speichern Sie diese ab und machen Sie zur Sicherheit eine Kopie. Mit der Verlängerung ist das alte Zertifikat gesperrt, die Anmeldung ist nur noch mit der neuen Datei möglich.

3 Sie sind zu spät dran und Ihr Zertifikat ist bereits abgelaufen? Wählen Sie dennoch auf der Elster-Startseite zunächst „Login". Auf der folgenden Seite finden Sie die Frage „Zertifikatsdatei vergessen oder Zertifikat abgelaufen?": Klicken Sie diese an, öffnet sich die Seite „Login wieder ermöglichen". Hier geben Sie Ihre E-Mail-Adresse und Ihr Elster-Passwort ein. Im weiteren Verlauf erhalten Sie per Post einen Aktivierungscode und per E-Mail eine Aktivierungs-ID. In der E-Mail finden Sie außerdem den Link zu der Seite, auf der Sie Ihre ID und Ihren Code eingeben müssen. Am Ende erhalten Sie eine neue Zertifikatsdatei, mit der Sie wieder Zugriff auf Ihr bestehendes Nutzerkonto bekommen.

Tipp

Falls Ihnen der Login per Zertifikatsdatei zu lästig ist, können Sie seit 2022 auch die App „ElsterSecure" nutzen, um auf Ihren Elster-Account zuzugreifen. Dann benötigen Sie nur noch Ihr Smartphone, um sich einzuloggen. Wie die Registrierung funktioniert, können Sie online unter test.de/elster nachlesen.

Krypto-Broker einrichten

Um Krypto-Währungen zu kaufen, müssen Sie sich auf einer Handelsplattform anmelden. Wir zeigen Ihnen, wie Sie in vier Schritten einen Account bei einem Krypto-Broker einrichten.

1 Suchen Sie die Krypto-Handelsplattform sorgfältig aus. Nicht alle Anbieter sind seriös. Achten Sie darauf, dass die Webseite ein Impressum hat und in der Unternehmensdatenbank der Bafin aufgeführt ist. In unserem jüngsten Test von Krypto-Brokern haben folgende Plattformen unsere Mindestsicherheitsanforderungen erfüllt: Bison, Bitpanda, Börse Stuttgart Digital Exchange (BSDEX), Coinbase, Finanzen.net Zero, Justtrade, N26, Trade Republic und Traders Place.

2 Laden Sie die App der Plattform auf Ihr Handy oder öffnen Sie die Seite im Internet. Folgen Sie den Anweisungen des Anbieters, um ein

Sie benötigen

- **Geld, auf das Sie notfalls nicht angewiesen sind**
- **Einen Internetzugang**
- **PC, Laptop, Tablet oder Smartphone**
- **Gültige Ausweisdokumente**

Konto zu erstellen. Geben Sie Ihre E-Mail-Adresse an und legen Sie ein Passwort fest. Tragen Sie die geforderten Daten zu Ihrer Person ein. Dafür brauchen Sie bei seriösen Anbietern Ihren Personalausweis, um Ihre Identität über ein Videogespräch oder ein Postident-Verfahren nachzuweisen. Letzteres funktioniert über eine App oder den Gang in eine Postfiliale.

3 Ist Ihr Konto verifiziert, müssen Sie Geld einzahlen, damit Sie eine Krypto-Währung kaufen können. Das geht je nach Anbieter über eine Sofortüberweisung oder via Kreditkarte.

4 Wenn möglich, aktivieren Sie bei Ihrem Krypto-Broker die Zwei-Faktor-Authentifizierung. Um sich anzumelden, müssen Sie dann zusätzlich zu Ihrem Passwort eine zweite Komponente erfüllen. Das kann ein Code aus einer SMS oder Ihr Fingerabdruck beim Smartphone sein. So schützen Sie Ihr Konto vor Hackerangriffen.

Tipp

Sie können Ihre Kryptos auch in einer sogenannten Cold Wallet verwalten. Das kann ein USB-Stick oder sogar ein Blatt Papier sein. Cold Wallets sind sicherer vor Hackerangriffen.

Immobilie und Miete

Mietnebenkosten überprüfen • Miete mindern bei Mängeln • Eigenbedarf anmelden • Raum untervermieten • Haus sicherer machen • Hausrat schätzen • Wohngeld beantragen • Grundbuch einsehen • Heizkörper entlüften

Mietneben-kosten überprüfen

Eine Nebenkostenabrechnung kann an vielen Stellen falsch sein. Umlegbar sind grundsätzlich nur Ausgaben, die zu einer der 17 Positionen des Betriebskosten-katalogs der Betriebskostenverordnung gehören. So prüfen Sie sie richtig:

1 Der Vermieter muss spätestens zwölf Monate nach Ende des Abrechnungszeitraums abgerechnet haben. Schauen Sie in Ihrem Mietvertrag nach: Meist ist das Kalenderjahr der Abrechnungszeitraum. Für 2024 muss die Nebenkostenabrechnung dann bis Ende 2025 bei Ihnen eingegangen sein. Kommt sie später, schulden Sie keine Nachzahlungen.

2 Klären Sie, ob die abgerechneten Posten überhaupt vertraglich vereinbart sind. Das sind sie dann, wenn sie im Mietvertrag aufgezählt sind oder der Vertrag auf die Betriebskostenverordnung verweist. „Sonstige" Betriebskosten darf der Vermieter nur abrechnen, wenn er im Mietvertrag konkret erläutert hat, welche Ausgaben dazu zählen.

Sie benötigen

- **Betriebskostenabrechnung des Vermieters**
- **Ihren Mietvertrag**

3 Prüfen Sie, ob der Abrechnungszeitraum, die Gesamtkosten des Hauses zu jeder Position sowie der Schlüssel genannt ist, nach dem der Vermieter die Gesamtkosten auf Sie umlegt. Zudem müssen Ihre Vorauszahlungen verrechnet sein. Fehlen Informationen bei Positionen, können Sie die Nachzahlung dafür verweigern, bis der Vermieter eine korrigierte Abrechnung vorlegt. Tut er das bis zum Ende seiner Abrechnungsfrist nicht, müssen Sie dafür nichts nachzahlen.

4 Vergleichen Sie Ihre Abrechnung mit alten Abrechnungen und den Durchschnittswerten aus dem Betriebskostenspiegel (mieterbund.de). Fragen Sie beim örtlichen Mieterverein nach, ob es regionale Vergleichswerte gibt. Bitten Sie den Vermieter um eine Erklärung, wenn die Kosten stark gestiegen sind oder erheblich von den Durchschnittskosten abweichen.

5 Häufig erledigt der Hauswart auch Reparaturen und Verwaltungsarbeit. Das müssen Sie nicht zahlen. Fordern Sie eine Kürzung der Hauswartkosten, wenn sie nicht in der Abrechnung steht. Realistisch ist oft eine Minderung um 10 Prozent.

6 Einwände gegen die Abrechnung müssen Sie dem Vermieter spätestens zwölf Monate nach Erhalt der Abrechnung mitteilen. Droht der Vermieter in der Zwischenzeit, eine Nachzahlung einzuklagen, sollten Sie Rechtsrat bei einem Anwalt oder Mieterverein einholen.

Miete mindern bei Mängeln

Bleibt die Heizung kalt oder schimmelt die Wand, ohne dass Sie etwas dafür können, dürfen Sie die Miete kürzen. Dieses Recht haben Sie nur dann nicht, wenn der Mangel schon bei Mietbeginn bekannt war. Die Minderung ist auch erlaubt, wenn die Vermieterin gar nichts für den Mangel kann. So gehen Sie vor:

1 Informieren Sie die Vermieterin frühzeitig schriftlich, fordern Sie Abhilfe und weisen Sie auf eine mögliche Mietminderung hin. Bitten Sie um Eingangsbestätigung oder schicken Sie ein Einschreiben mit Rückschein.

2 Setzen Sie eine Frist, wenn es Ihnen um eine schnelle Lösung des Problems geht. Sie darf auch kurz sein, etwa wenn im Winter die Heizung ausfällt. Danach können Sie die Sache in Notfällen selbst erledigen lassen und

Sie benötigen

- **Kamera und Zeugen**
- **Rechtsberatung bei Minderung von mehr als einer Monatsmiete**

Ersatz Ihrer Kosten verlangen oder diese später mit der Miete verrechnen. Mietvertragsklauseln, die eine Verrechnung verbieten, gelten nicht. Um der Vermieterin Druck zu machen, dürfen Sie zusätzlich auch Teile der Miete so lange einbehalten, bis er die Sache erledigt hat.

3 Das Recht zur Minderung beginnt mit dem Zeitpunkt der Mängelmeldung. Ein Gespür für eine angemessene Minderungsquote bekommen Sie, wenn Sie im Internet stöbern und schauen, wie Gerichte in ähnlichen Fällen entschieden haben. Aber Vorsicht: Mitunter sind die Urteile uneinheitlich. So ist bei einem unbenutzbaren Balkon je nach Gericht eine Minderung von 3 Prozent, 8 Prozent oder auch 15 Prozent zulässig. Sprechen mehrere Urteile zum gleichen Mangel sehr unterschiedliche Mietminderungsbeträge zu, kürzen Sie besser nur vorsichtig.

4 Haben Sie einen Prozentwert für den Mangel ermittelt, müssen Sie rechnen: Die Minderung in Prozent bezieht sich auf die Warmmiete, also den Betrag den Sie an Ihre Vermieterin zahlen. Sie ist nur für den Zeitraum zulässig, in dem das Problem auftritt. Hat die Vermieterin den Mangel behoben, müssen Sie wieder voll zahlen.

5 Wichtig: Lassen Sie sich bei Ihrem Mieterverein oder einem Fachanwalt beraten, bevor Ihre Minderung insgesamt den Betrag einer Monatsmiete erreicht. Sonst kann Ihnen Ihre Vermieterin kündigen, wenn Sie Ihre Zahlungen zu Unrecht gekürzt haben. Behalten Sie sich dann stattdessen vor, Teile der Miete zurückzufordern.

Eigenbedarf anmelden

Ein Vermieter darf seinem Mieter kündigen, wenn er die Räume für sich oder seine Familie benötigt. Dabei sollte er sorgfältig vorgehen. Die Gerichte prüfen streng und ein Prozess kann teuer werden.

1 Prüfen Sie, ob Sie für die Person, die einziehen soll, Eigenbedarf reklamieren dürfen. Sie können die Wohnung für sich selbst beanspruchen, für Ihre Eltern, Großeltern, Schwiegereltern, Geschwister, den Ehepartner oder langjährige Lebensgefährten, Kinder, Enkel, Nichten und Neffen. Für Schwager oder Schwägerin geht das nur, wenn sie Ihnen sehr nahestehen.

2 Stellen Sie fest, welche Frist Sie bei der Kündigung einhalten müssen. Sie beträgt mindestens drei Monate. Läuft der Mietvertrag schon fünf Jahre, gelten sechs Monate Frist, ab acht Jahren sind es neun Monate. Beachten Sie auch Sperrfristen: Wenn Sie eine vermietete Wohnung kaufen, die zuvor Bestandteil eines Mietshauses war und in eine Eigentumswohnung umgewandelt wurde, können Sie drei Jahre lang keinen Eigenbedarf anmel-

Sie benötigen

- Eigenbedarf
- Kündigungsschreiben mit Begründung

den. In einigen Gemeinden dauert die Sperre sogar zehn Jahre. Eigentümerverbände wie Haus & Grund nennen Ihnen die korrekte Kündigungssperrfrist.

3 Kündigen Sie schriftlich. Nennen Sie Name, Adresse und Alter des Einziehenden. Erklären Sie, warum die Wohnung für Sie oder Ihren Angehörigen geeigneter ist als die bisherige. Nachvollziehbarer Eigenbedarf liegt etwa vor, wenn Sie Ihrem Sohn und seiner Frau die Vierzimmerwohnung geben möchten, weil sie Nachwuchs erwarten. Besitzen Sie mehrere Wohnungen, sollten Sie erläutern, warum Sie gerade diese Wohnung brauchen. Nennen Sie einen baldigen Einzugstermin. Weisen Sie den Mieter darauf hin, dass er in Härtefällen bis zwei Monate vor Mietende widersprechen kann. Eine Härte liegt etwa vor, wenn eine Mieterin gerade ein Kind erwartet.

4 Übergeben Sie Ihrem Mieter die Kündigung vor Zeugen oder schicken Sie ein Einwurfeinschreiben. Wird eine andere Wohnung frei, die Ihnen gehört, sollten Sie diese dem Mieter anbieten. Und zeigt sich bis zum Ende der Kündigungsfrist, dass Sie seine Wohnung plötzlich doch nicht benötigen, informieren Sie ihn sofort davon.

Aufhebungsvertrag – Gütlich einigen

Ist Ihnen eine einvernehmliche Lösung wichtig, können Sie mit Ihrem Mieter auch die Aufhebung des Mietvertrags vereinbaren und ihm etwa den Umzug bezahlen, statt ihm zu kündigen. Über den Betrag und den Auszugstermin können Sie frei verhandeln.

Raum untervermieten

Sind Sie Mieter und wollen Ihre Wohnkosten reduzieren? Dann ziehen Sie gegebenenfalls in Betracht einzelne Räume Ihrer Wohnung unterzuvermieten. In aller Regel brauchen Sie dafür die Erlaubnis des Vermieters. Wir erklären, was Sie beachten müssen:

1 Wer zieht ein? Soll zum Beispiel ein Ehegatte, ein eingetragener Lebenspartner oder ein Stiefkind bei Ihnen wohnen, benötigen Sie keine Erlaubnis. Teilen Sie dem Vermieter aber mit, wer einzieht. Wichtig: Für den Einzug eines nichtehelichen Partners oder einer fremden Person brauchen Sie eine Erlaubnis.

2 Schicken Sie dem Vermieter ein Einschreiben, in dem Sie ihn bitten, die Erlaubnis schriftlich zu erteilen, und setzen Sie ihm dafür eine Frist von etwa zwei Wochen. Die Frist ist wichtig, wenn Sie die Untervermietung später gerichtlich durchsetzen wollen. Nennen Sie den Namen, das Geburtsdatum und die Anschrift des Untermie-

Sie benötigen

- **Erlaubnisanfrage per Einschreiben**
- **Daten des Untermieters**
- **Nachvollziehbaren Grund für Untervermietung**

ters. Erklären Sie, warum Sie untervermieten wollen.

3 Den Einzug eines nichtehelichen Lebenspartners muss der Vermieter in aller Regel erlauben. Wollen Sie selbst ausziehen und die gesamte Wohnung dauerhaft untervermieten, kann der Vermieter die Erlaubnis verweigern. Beabsichtigen Sie, nur einzelne Räume an Fremde zu vermieten, muss der Vermieter die Erlaubnis erteilen, wenn Sie ein „berechtigtes Interesse" an der Untervermietung haben. Dieses Interesse muss nach Abschluss des Mietvertrages entstanden sein. Vor allem finanzielle Motive zählen. Wird Ihnen zum Beispiel die Wohnung nach einer Trennung zu teuer, muss der Vermieter die Untervermietung erlauben. Nach Ansicht vieler Gerichte muss er auch zustimmen, wenn Sie beruflich für mehrere Jahre ins Ausland müssen und die gesamte Wohnung für eine begrenzte Zeit möbliert untervermieten wollen.

4 Sagt Ihr Vermieter nein, obwohl Sie ein berechtigtes Interesse haben, können Sie die Erlaubnis einklagen. Der Vermieter wäre aber etwa dann im Recht, wenn der Untermieter für ihn unzumutbar ist, weil er zum Beispiel früher als Besucher den Hausfrieden gestört hat. Den Untermieter ohne Erlaubnis einziehen zu lassen, ist nicht ratsam. Das könnte zu Ärger und einer Kündigung führen.

Haus sicherer machen

Einbruchschutz beginnt bei Tür- und Fenstersicherungen und reicht bis zur Alarmanlage. Aber auch einfache Tricks helfen vorzubeugen. Bevor Sie in den Sommerurlaub reisen, sollten Sie Ihr Haus so vorbereiten, dass Ihre Abwesenheit niemandem auffällt. Je bewohnter Ihr Zuhause wirkt, desto besser.

1 Fragen Sie rechtzeitig bei Bekannten, Freunden oder Nachbarn nach, ob sie während Ihres Urlaubs bereit sind, Ihr Haus zu hüten. Geben Sie Ihnen Ihren Wohnungsschlüssel, wenn Sie verreisen. Bitten Sie Ihre Haushüter darum, dass sie helfen, die Wohnung täglich bewohnt wirken zu lassen.

2 Bei Dunkelheit sollten im Haus und auf dem Grundstück stets Lampen leuchten. Sinnvoll sind Strahler, die von Bewegungsmeldern gesteuert werden. In der Wohnung installieren Sie am besten moderne LED-Lampen mit Zeitschaltuhren. Die Zeitschalter löschen die Lichter am

Sie benötigen

- **Nachbarn, Bekannte, Freunde**
- **Bewegungsmelder, Zeitschaltuhr, Strahler, LED-Lampen**

späten Abend automatisch. Auch Geräusche halten Einbrecher fern. Montieren Sie zum Beispiel ein Radio mit Zeitschaltuhr direkt neben der Eingangstür. Dann klingen ab und an leise Töne nach draußen, ohne dass die Nachbarn gestört werden.

3 Bereiten Sie eine Checkliste für Ihre Helfer vor, auf der alle kleinen Dienste vermerkt sind. Beispiel: Am Abend sollten die Rollläden geschlossen sein und am Morgen geöffnet werden. Auch Abfall in der Tonne, Rasensprenger auf der Wiese und geleerte Briefkästen täuschen Ihre Anwesenheit vor.

4 Stimmen Sie alle Aufgaben mit Ihren Helfern ab. Zeigen Sie ihnen, welcher Schlüssel wo passt und wo wichtige Schalter und Geräte in Schuppen oder Garage sind. Vergessen Sie nicht, Ihren Rückkehrtermin zu nennen und Ihre Telefonnummer zu hinterlassen, unter der Sie erreichbar sind.

5 Auch wenn Sie es vor Ihrem Urlaub nicht mehr schaffen, sollten Sie gelegentlich prüfen, ob Fenster und Terrassentüren noch den Sicherheitsstandards entsprechen. Im Internet unter polizei-beratung.de finden Sie Beratungsstellen der Polizei in Ihrer Nähe. Es lohnt sich, Schwachstellen zu schließen. Knapp die Hälfte der Einbruchsversuche in Deutschland scheitern auch deshalb, weil Türen und Fenster gut gesichert sind.

Hausrat schätzen

Schäden durch eine ausgelaufene Waschmaschine, durch Einbruch oder gar Brand können teuer sein. Eine Hausratversicherung zahlt, aber die vereinbarte Versicherungssumme muss dem Wert des Hausrats entsprechen. Sonst droht Abzug. Überprüfen Sie, ob die vereinbarte Summe in Ihrem Hausratversicherungsvertrag noch passt.

1 Zum Hausrat zählen alle beweglichen Gegenstände wie Möbel, Elektrogeräte und Wertsachen inklusive Bargeld. Sie können den Wert Ihres Hausrats mit einer Inventarliste ermitteln, auf der jeder Gegenstand vermerkt wird (siehe test.de/checklistehausratversicherung). Das ist aufwendig, aber lohnt sich, denn die richtige Versicherungssumme schützt Sie vor Unter- oder Überversicherung. Sind Sie überversichert, ist Ihr Beitrag

Sie benötigen

- **Vertrag über Ihre Hausratversicherung**
- **Kaufbelege für Ihre teuren Gegenstände**
- **Vorlage für eine Inventarliste**

zu hoch. Sind Sie unterversichert, liegt Ihre Versicherungssumme unter dem Wert der Wohnungseinrichtung. Im Schadensfall zahlt der Versicherer nur einen Teil der Kosten. Steigt der Wert Ihres Hausrats, sollten Sie die Versicherungssumme erhöhen.

2 Ist Ihnen eine Inventarliste zu aufwendig, können Sie die pauschale Versicherungssumme der Anbieter wählen. Diese beträgt oft 650 Euro pro Quadratmeter und lohnt sich vor allem, wenn Ihr Hausrat umfangreich ist und Sie beispielsweise teure Designermöbel oder viele Elektrogeräte besitzen. Mit der Pauschale sind Sie meistens vor Unterversicherung geschützt; im Schadensfall erhalten Sie Ersatz für den Wiederbeschaffungswert ohne Abzug. Vorsicht: Auch bei Totalschaden sollte Ihnen die Summe reichen.

3 Bewahren Sie für teuer erworbene Gegenstände Kaufbelege auf. Fotografieren Sie Antiquitäten und Wertgegenstände. Mit Kaufbelegen und Fotos können Sie den Wert einzelner Gegenstände später besser nachweisen. Nach Einbruchdiebstahl helfen sie beim Erstellen der Stehlgutliste.

4 Fahrräder können Sie gegen Aufpreis mitversichern. Besitzen Sie viele Antiquitäten und Wertsachen, prüfen Sie, ob der Anteil in der vereinbarten Versicherungssumme dafür reicht. Sonst erhöhen Sie ihn.

Wohngeld beantragen

Sie arbeiten oder beziehen Rente, haben aber nicht genug Einkommen, um Ihren Lebensunterhalt damit komplett zu bestreiten? Dann haben Sie eventuell Anspruch auf Wohngeld. Beantragen können den staatlichen Zuschuss auch Pflegeheimbewohner und Studierende, die kein Bafög bekommen.

1 Wer einen Antrag stellt, darf keine anderen Sozialleistungen wie Bürgergeld beziehen oder mehr als 60 000 Euro Vermögen besitzen. Wohngeld wird für 18 Monate bewilligt, manchmal etwas länger. Unser Rechner gibt Orientierung, ob Sie einen Anspruch haben könnten und wie hoch das Wohngeld ausfallen würde (test.de/wohngeld). Geben Sie unter anderem Ihren Wohnort, die Zahl der Haushaltsmitglieder, deren Einkommen und

Sie benötigen

- **Antragsformular**
- **Mietvertrag / Kaufvertrag**
- **Nachweis der Mietzahlungen/ monatlichen Belastung**

mögliche Abzüge sowie die Miete ein. Kindesunterhalt zählt zum Einkommen, ebenso die Rente.

2 Sie können den Antrag zunächst formlos bei der Wohngeldstelle Ihrer Kommune oder Ihres Stadtbezirks einreichen. Dieses Datum gilt, wenn Sie innerhalb von vier Wochen das Formular mit allen erforderlichen Unterlagen nachliefern. Der Anspruch besteht ab dem ersten Tag des Monats, in dem der Antrag gestellt wurde.

3 In vielen Bundesländern lässt sich das Wohngeld online beantragen oder zumindest das Antragsformular abrufen. Sie beantworten darin Fragen zur Person und zu Ihrem Haushalt. Sind Sie Mieterin, legen Sie Ihren Mietvertrag in Kopie und eine Bescheinigung des Vermieters vor sowie Kontoauszüge, die die zwei letzten Mietzahlungen belegen. Auch eine Aufenthaltsberechtigung und ein Verdienstnachweis können erforderlich sein. Auch Immobilienbesitzer können Wohngeld erhalten. Und zwar als Lastenzuschuss für Kreditzinsen und Instandhaltungskosten. Für den Antrag benötigen sie den Kaufvertrag oder Grundbuchauszug und Nachweise über die monatliche Belastung. Wenn Sie unsicher sind, ob Sie einen Anspruch haben, oder Hilfe beim Ausfüllen brauchen, vereinbaren Sie einen Termin bei der Wohngeldstelle. Wenn Sie den Antrag nicht online stellen, können Sie ihn per Post schicken. Falls Sie ihn persönlich vorbeibringen, lässt sich gleich klären, ob noch Belege fehlen.

Grundbuch einsehen

Sie wollen ein Grundstück, Haus oder eine Wohnung kaufen? Vorher sollten Sie einen Blick ins Grundbuch werfen. In Grundbüchern werden die genauen Eigentumsverhältnisse von Immobilien festgehalten. So erfahren Sie alles über Belastungen des Grundstücks wie Grundschulden oder über die Rechte anderer, etwa eines Nachbarn, einen Weg auf dem Grundstück nutzen zu dürfen.

1 Klären Sie zuerst, welches Grundbuchamt die Informationen für Sie bereithält. Grundbuchämter sind immer Abteilungen der zuständigen Amtsgerichte. Über die entsprechende Internetseite des Bundes und der Länder können Sie sich über Zuständigkeiten informieren (grundbuchportal.de).

2 Um ein Grundbuch einzusehen, müssen Sie zunächst einen Antrag stellen. Das können Sie bei den Ämtern

Sie benötigen

- **Personalausweis oder Reisepass**
- **Entwurf des Kaufvertrags**
- **Angaben über Haus und Grundstück**
- **Bis zu 20 Euro für Gebühren**

schriftlich oder mündlich vor Ort tun. Wichtig: Sie müssen ein berechtigtes Interesse nachweisen, denn die Register bergen vertrauliche Informationen. Es reicht nicht anzugeben, dass Sie ein bestimmtes Grundstück kaufen wollen. Sie müssen Dokumente wie den Entwurf des Kaufvertrags oder eine Vollmacht der Eigentümer vorlegen. Außerdem benötigen Sie Informationen über das Grundstück, mindestens die Adresse mit Straße und Hausnummer, besser noch Angaben zum Grundbuchbezirk und die Grundbuchblattnummer.

3 Der Blick ins Grundbuch ist kostenlos. Ein einfacher Auszug, den Sie in den Ämtern anfordern können, kostet 10 Euro, ein beglaubigter Auszug 20 Euro. Diese Kopien sind wichtige Dokumente, zum Beispiel für die Vergabe von Krediten.

Auskunftsdienste

Alle deutschen Grundbücher wurden digitalisiert. Profis wie Notare und Vermessungsingenieure haben Zugriff darauf, Privatleute nicht. Alternativ können Sie kommerzielle Online-Grundbuchauskunftsdienste nutzen. Sie nehmen dafür Geld, verlangen ebenfalls Nachweise und reichen Anträge schriftlich ein. Schneller und günstiger ist ein Besuch beim Grundbuchamt.

Heizkörper entlüften

Sobald die Tage im Herbst kälter werden, drehen wir die Heizung auf und erwarten wohlige Wärme. Wenn die Heizung allerdings kalt bleibt, obwohl Sie diese voll aufdrehen, hilft es oft schon, den Heizkörper mal zu entlüften. Was aufwendig klingt, ist schnell erledigt. So gehts:

1 Überprüfen Sie, ob sich Luft im Heizkörper befindet. Drehen Sie dafür die Heizung einmal auf. Bleibt sie lauwarm, ist das ein Zeichen dafür. Auch gluckernde Geräusche werden durch Luft in der Heizung verursacht.

2 Hat sich Ihr Verdacht bestätigt, sollten Sie handeln. Bleiben Sie unbesorgt. Eine Heizung zu entlüften ist ungefährlich. Drehen Sie die Heizung zunächst ganz aus und warten Sie eine Stunde. Dadurch hat die Luft in Ihrer Heizung Zeit, sich zu sammeln.

Sie benötigen

- **Entlüftungsschlüssel**
- **Behälter, um Wasser aufzufangen**
- **Lappen**

3 Nehmen Sie als nächstes einen Entlüftungsschlüssel zur Hand. Diese sind genormt und im Baumarkt für etwa 1 Euro erhältlich. Mit dem Schlüssel lässt sich das Entlüftungsventil öffnen. Meist befindet es sich am oberen Ende der Heizung gegenüber vom Thermostatkopf, mit dem Sie die Wärmestufe einstellen. Halten Sie außerdem einen Behälter und Lappen zum Trocknen griffbereit.

4 Stellen Sie Eimer oder Schüssel unter das Ventil und drehen Sie es langsam auf. Sie müssten ein leichtes Zischen hören können. Gehen Sie vorsichtig vor. Drehen Sie zu weit, könnten Sie von auslaufendem Wasser überrascht werden. Schließen Sie das Ventil, sobald nur noch Wasser austritt. Wiederholen Sie den Vorgang an allen Heizkörpern.

5 Werfen Sie als Hauseigentümer einen Blick auf die Druckanzeige Ihrer Heizanlage im Keller. In der Regel ist sie rund und hat einen roten und einen schwarzen Zeiger. Der Druckanzeiger (schwarze Nadel) sollte sich im grünen Bereich befinden.

Tipp

Es lohnt sich, die Heizung zu Beginn jeder Heizperiode zu entlüften. Mit Luft im Heizkörper sinkt der Wirkungsgrad – Energie geht verloren. Mehr Infos, wie Sie Heizkosten sparen, finden Sie unter: test.de/heizung-einstellen.

Urlaub und Freizeit

Ware im Internet verkaufen • Essen online kaufen • Konto online führen • Aktivieren einer eSim • In die USA einreisen • Flug annulliert • Handydaten löschen • Cloud-Speicher nutzen • Mit Code frankieren • Fake-Shop entlarven

Ware im Internet verkaufen

Die Puppensammlung, das alte Mofa, die Fußballschuhe – für gebrauchte Ware findet sich auf Verkaufsplattformen wie zum Beispiel kleinanzeigen.de fast immer ein Käufer. So gehen Sie vor, wenn Sie Ware anbieten:

1 Beschreiben Sie Ihre Ware genau und machen Sie aussagekräftige Fotos. Verschweigen Sie keine Mängel wie Funktionsfehler oder Kratzer, auch wenn sie bei Ware eines bestimmten Alters üblich sind.

2 Prüfen Sie, ob Sie bereits als gewerblicher Verkäufer gelten. Als Verkaufsprofi müssten Sie Ihrem Käufer nämlich zusätzliche Reklamations- und Rückgaberechte einräumen. In der Regel handeln Sie gewerblich, wenn Sie häufig gleichartige Ware oder Dinge verkaufen, die sie nur für den Weiterverkauf angeschafft haben. Orientieren Sie sich nicht nur daran, wie oft Sie schon etwas verkauft haben. Gerichte beurteilen dieses Kriterium unterschiedlich. So ist das Landgericht Frankfurt bereits von einer Gewerblichkeit ausgegangen, nachdem ein Ebay-Mitglied zehn neue Markenartikel verkauft hatte (Az. 2/03 O 192/07).

Sie benötigen

- **Zeit, um die eigene Ware zu begutachten**
- **Digitalkamera**
- **Versandmaterial**
- **Bei teuren Waren einen Zeugen**

3 Wenn Sie tatsächlich als Verkaufsamateur handeln, dürfen Sie die Haftung für Mängel ausschließen, die Ihnen nicht bewusst sind. Wie Sie das tun, hängt davon ab, ob Sie nur einmal etwas verkaufen oder mehrmals. Beim einmaligen Angebot reicht der Hinweis: „Verkauf unter Ausschluss der Sachmangelhaftung." Verkaufen Sie öfter, gelten Ihre Haftungshinweise als allgemeine Geschäftsbedingungen. Dann sollten Sie zusätzlich schreiben: „Der Ausschluss gilt nicht für Schadenersatzansprüche aus grob fahrlässiger oder vorsätzlicher Verletzung von Pflichten des Verkäufers sowie für jede Verletzung von Leben, Körper und Gesundheit." Fehlt die Ergänzung, ist der Ausschluss unwirksam und Sie haften zwei Jahre lang für Mängel, die Sie nicht benannt haben. Achtung: Ein Ausschluss nützt Ihnen nie etwas, wenn Sie Fehler arglistig verschweigen und der Kunde es beweist.

4 Verpacken Sie die Ware gut. Es ist zwar nicht Ihr Problem, wenn sie bei der Post verlorengeht. Doch für Schäden wegen schlampiger Verpackung haften Sie. Bei teurer Ware sollten Sie die Übergabe an den Transporteur mit Zeugen erledigen.

Pkw-Verkauf – Keine Versprechen

Wenn Sie Ihr Auto verkaufen, sollten Sie nichts zum Zustand des Pkw „zusichern" oder „garantieren", was sie nicht genau wissen und auch beweisen können. Denn erweist sich Ihre Beschreibung als falsch, haften Sie mitunter trotz Haftungsausschluss.

Lebensmittel online kaufen

Wer keine Wasserkästen schleppen will und vom Stress an der Supermarktkasse genug hat, kann seine Einkäufe im Internet bestellen und bis in die Küche bringen lassen.

1 Rewe, Edeka – viele Supermarktketten bieten einen Onlineshop mit Lieferservice an. Auch reine Onlinehändler wie Flink oder Mytime mischen mit. Welche Ihr Wohngebiet beliefern, sehen Sie etwa auf den Vergleichsportalen Simplora.de oder Lebensmittellieferservice-check.de. Schauen Sie sich zuerst die Konditionen an: Nicht alle Shops bieten Getränke, Tiefkühlware oder Frisches wie Obst, Gemüse, Fleisch oder Milch. Mindestbestellwert und Lieferkosten unterscheiden sich. Wollen Sie zu bestimmten Zeiten beliefert werden, achten Sie darauf, die Lieferzeit einschränken zu können, was bei Paketversand oft nicht geht. Haben Sie einen Anbieter ausgewählt, registrieren Sie sich und legen Sie ein Passwort fest.

2 Haben Sie alle Artikel in den virtuellen Warenkorb gelegt, gehts zur Kasse. Bei Anbietern mit eigenem Lie-

Sie benötigen

- Einkaufsliste
- Internetzugang
- Möglichkeit, eine Lieferung entgegenzunehmen

ferservice können Sie Tag und Zeitfenster für die Lieferung wählen. Die Händler bieten mehrere Zahlungsarten an. Am besten wählen Sie Lastschrift oder Kauf auf Rechnung, weil Sie so die Ware erst nach Erhalt zahlen und sie kontrollieren können. Anders als sonst bei Onlineeinkäufen gilt für Lebensmittel kein Widerrufsrecht. Dennoch haftet der Händler für Mängel: Für verdorbene, zerquetschte oder ausgelaufene Ware muss er Ersatz liefern oder Ihnen den Kaufpreis erstatten.

3 Zum Lieferzeitpunkt sollten Sie zuhause sein oder dafür sorgen, dass jemand die Ware in Empfang nimmt. Kommt Ihnen etwas dazwischen, sagen Sie dem Kundenservice Bescheid. Bei Paketversand können auch die Nachbarn Ihre Bestellung annehmen oder Sie lassen sie an eine Packstation schicken. Kontrollieren Sie die Produkte bei Lieferung. Beanstanden Sie Mängel direkt beim Lieferanten oder bei Paketversand beim Kundenservice. Sind Produkte einmal nicht lieferbar, bieten einige Händler Ihnen ähnliche Artikel als Alternative an. Die müssen sie aber nicht akzeptieren.

Tipp

In unserem Lebensmittel-Lieferservice-Test haben wir zum einen die Dienstleistung selbst getestet – also wie gut das Bestellen von Lebensmitteln klappt. Zum anderen haben wir uns angesehen, wie es um die Arbeitsbedingungen der Fahrerinnen und Fahrer steht (test.de/lebensmittel-online).

Konto online führen

Bankkunden, die unabhängig von Öffnungszeiten und Standort ihrer Bankfiliale den Kontostand abfragen, Geld überweisen oder Daueraufträge einrichten wollen, müssen ihr Girokonto online über das Internet führen. Am einfachsten funktioniert die Kontoführung per PC von zuhause.

1 Schützen Sie Ihren Rechner mit einem Internetsicherheitspaket vor Schädlingen und Hackern. Guten Grundschutz gibt es sogar kostenlos. Die besten Programme finden Sie im Internet (test.de/internetsicherheit).

2 Beantragen Sie bei Ihrer Bank die Umstellung auf das Onlinebanking. Das geht in der Filiale, oder Sie laden den Antrag von der Internetseite der Bank herunter und senden ihn an Ihre Bank. Sie schickt Ihnen dann mit

Sie benötigen

- Einen Computer
- Einen Internetzugang

getrennter Post die Zugangsdaten: Benutzernamen und ein Passwort. Dann können Sie loslegen.

3 Rufen Sie auf der Internetseite Ihrer Bank das „Kunden-Login" auf und geben Sie Ihre Zugangsdaten ein. Das Passwort müssen Sie aus Sicherheitsgründen bei der ersten Anmeldung meist ändern.

4 Sie müssen alle Aufträge, die Sie online erteilen, mit einer Transaktionsnummer (Tan) bestätigen. Banken bieten verschiedene Möglichkeiten an. Die Kreditinstitute verwenden zur Freigabe eines Auftrags im Wesentlichen vier Onlinebankingverfahren: AppTan, BestSign, ChipTan und PhotoTan. Bei AppTan ist ein Smartphone nötig, sonst müssen Sie ein Zusatzgerät für zirka 20 Euro im Fachhandel oder bei Ihrer Bank kaufen. Eine echte Tan (Transaktionsnummer) gibt es häufig nicht mehr. Mit allen vier Freigabeverfahren ist nach aktuellem Stand sicheres Onlinebanking möglich.

5 Für sicheres Onlinebanking können Sie auch selbst sorgen, wenn Sie die Sicherheitsregeln ihrer Bank beachten. Werden Ihre Zugangsdaten trotzdem von Dritten missbraucht und Sie haben nicht grob fahrlässig gehandelt, ersetzt Ihre Bank finanzielle Schäden.

Wissenswert

Meist sind Onlinekonten sogar günstiger, weil Transaktionen, die auf Papier sonst oft etwas kosten, ohne Formular bearbeitet werden können.

Aktivieren einer eSim

Mit einer digitalen Sim-Karte, kurz eSim, können Sie bei neueren Smartphones, Tablets und Smartwatches sowie auf einigen Laptops Mobilfunktarife aktivieren. Das Gerät bleibt dabei geschlossen. Sie benötigen weder Handynadel noch Büroklammer, um einen Sim-Schacht zu öffnen.

1 Bevor Sie eSim-Daten bei einem Mobilfunkanbieter anfordern, sollten Sie prüfen, ob Ihr Gerät eSim-fähig ist. Gehen Sie dazu bei Ihrem Mobilfunkgerät im Menü „Einstellungen" auf den Punkt „Mobilfunk". Oft zeigen sich dort Hinweise, dass das Gerät die neue Funktion besitzt, etwa der Befehl „eSim hinzufügen". Zudem existieren im Internet Listen von Handys & Co, die eSim-fähig sind.

Sie benötigen

- **Mobilfunkgerät neuerer Bauart**
- **eSim-Daten**
- **Internetverbindung über WLan**

2 Fordern Sie über das Kundenportal Ihres aktuellen oder zukünftigen Mobilfunkanbieters die eSim-Daten an. In der Regel müssen Sie zunächst einen Tarif wählen und bekommen dann die Option „eSim" angezeigt. Wenn Sie sich dafür entscheiden, wird Ihnen ein QR-Code zur Verfügung gestellt. Teils erscheint dieser direkt auf dem Bildschirm, teils verschicken Anbieter die geforderten Daten per E-Mail oder Brief. Wer eine App seines Mobilfunkanbieters auf dem Handy installiert hat, kann oft dort direkt eine eSim anfordern oder gleich freischalten.

3 Haben Sie den QR-Code für Ihre eSim erhalten, geht es an die Aktivierung: Stellen Sie zunächst sicher, dass sich Ihr Gerät in einer stabilen WLan-Verbindung befindet. Öffnen Sie die Kamerafunktion auf Ihrem Gerät und scannen Sie den QR-Code. Jetzt werden Sie automatisch durch die weitere Aktivierung geleitet. Funktioniert der QR-Code nicht, können Sie über das Menü „Einstellungen" und den Unterpunkt „Mobilfunk" die zugesandten Daten manuell eingeben. Einige Anbieter versenden noch zusätzlich eine SMS zur endgültigen Aktivierung. Jetzt können Sie mit dem neuen Tarif telefonieren, Nachrichten verschicken und mobile Daten nutzen.

Wissenswert

Die eSims sind auf Platinen im Geräteinneren verbaut. So lassen sich mehrere Tarife aktivieren, zwischen denen einfach gewechselt werden kann. Das ist praktisch, etwa wenn Sie auf Reisen einen anderen Tarif brauchen.

In die USA einreisen

Wenn Staatsbürger Deutschlands oder der meisten anderen europäischen Länder eine Urlaubs- oder Geschäftsreise in die Vereinigten Staaten planen, brauchen sie in der Regel kein Visum. Sie dürfen sich höchstens 90 Tage im Land aufhalten und müssen eine Genehmigung zur Einreise beantragen. Das geht digital:

1 Der Antrag läuft über das elektronische Reisegenehmigungssystem Electronic System for Travel Authorization, kurz Esta. Das Verfahren garantiert allerdings nicht, tatsächlich den Boden der USA betreten zu dürfen. Denn darüber entscheiden die amerikanischen Grenzbeamtinnen und -beamten vor Ort.

2 Prüfen Sie, ob Ihr Reisepass nach der Einreise noch mindestens

Sie benötigen

- **Einen noch mindestens sechs Monate gültigen Reisepass**
- **Internetzugang**
- **Kredit-/Debitkarte, Paypal oder Discover (JCB, Diners Club)**

sechs Monate lang gültig ist. Alle, die mitfahren, brauchen ein solches Dokument, selbst Babys. Außerdem benötigen Sie ein Rückreiseticket.

3 Öffnen Sie im Internet die offizielle Esta-Webseite esta.cbp.dhs.gov Sie müssen persönliche Daten eingeben und Fragen zu Krankheiten, Vorstrafen, Reisen und bisherigen Schwierigkeiten beantworten. Waren Sie in einem Land, das die USA als Terrorismus unterstützenden Staat einstufen, zum Beispiel Kuba, können Sie nicht am Esta-Verfahren teilnehmen, sondern müssen ein Visum beantragen. Das Visum kostet 21 US-Dollar. Dafür akzeptiert das System Debit-/Kreditkarten von Visa, Mastercard, American Express und Discover (JCB,Diners Club) sowie Paypal.

4 Im Normalfall wird Ihr Antrag innerhalb von 72 Stunden genehmigt. Sie erhalten per SMS und E-Mail ein elektronische Nachweisdokument mit Ihrer Esta-Antragsnummer. Es ist zwei Jahre gültig oder zumindest so lange, bis Ihr Pass abläuft. Für weitere Reisen in dieser Zeit ist keine neue Registrierung notwendig. Nur, wenn sich Ihr Name, Geschlecht, oder Ihre Staatsangehörigkeit zwischenzeitlich ändert, müssen sie schon früher eine neue Esta-Genehmigung beantragen. Bei einer Untersagung können Sie einen Antrag auf ein Visum stellen.

5 Als Nachweis reicht ein Ausdruck oder die Nummer auf dem Handy, mit dem Sie am Schalter oder online einchecken können.

Flug annulliert

Kurz vor dem Start in den Urlaub kann es für Flugreisende eine böse Überraschung geben, wenn ihr Flug gestrichen wird oder sich enorm verspätet. Wichtig ist, dass Reisende ihre Rechte kennen und die Nerven behalten. So gehts:

1 Wenden Sie sich an Ihre Fluggesellschaft, wenn Ihr Flug annulliert wurde. Sie muss sich um eine zumutbare Ersatzbeförderung kümmern. Haben Sie eine Idee, wie Sie alternativ ans Ziel kommen, schlagen Sie diese vor. Möglich ist außer einem Ersatzflug etwa auch eine Zugfahrt. Gibt es am Abflugort zwei Flughäfen, muss die Airline die Fahrtkosten von einem zum anderen Flughafen übernehmen, falls dort ein passender Flug startet. Die Air-

Sie benötigen

- **Internetzugang**
- **Gegebenenfalls unseren Musterbrief**

line muss Sie schriftlich über Ihre Rechte informieren. Sollten Sie keine Ersatzbeförderung wollen, fordern Sie den Ticketpreis zurück.

2 Solange Sie auf eine Ersatzbeförderung warten, ist die Fluggesellschaft dazu verpflichtet, sich etwa um Verpflegung und gegebenenfalls auch um ein Hotel sowie die Fahrt dorthin zu kümmern. Fordern Sie dies ein.

3 Prüfen Sie, ob Ihnen eine Entschädigung für den Flugärger zusteht. Passagieren steht eine zu, wenn drei Kriterien erfüllt sind. Erstens: Der Flug wurde weniger als 14 Tage vor Abflug annulliert oder verspätet sich um mehr als drei Stunden am Zielort. Zweitens: Am Flugausfall sind keine „außergewöhnlichen Umstände" schuld, wie ein Systemausfall am Flughafenterminal. Drittens: Der Startflughafen oder der Hauptsitz der Airline liegt innerhalb der Europäischen Union. Haben Sie Anrecht auf eine Entschädigung, bekommen Sie je nach Streckenlänge pro Person zwischen 250 und 600 Euro. Ab Ende des Jahres, in dem der Flug geplant war, haben Sie drei Jahre Zeit, um Ihre Ansprüche geltend zu machen.

4 Wenden Sie sich wegen der Entschädigung zunächst schriftlich an die Fluggesellschaft. Sie können hierfür unseren kostenlosen Musterbrief nutzen (test.de/flugentschaedigung-fordern). Weigert sich die Airline zu zahlen, können Sie sich kostenlos an die Schlichtungsstelle für den öffentlichen Personenverkehr (SÖP) wenden.

Handydaten löschen

Wer sein altes Smartphone weiterverkaufen, verschenken, spenden oder recyceln möchte, sollte vorher alle persönlichen Daten wie Fotos, Nachrichten und Kontakte unwiderruflich vom Gerät löschen. Wir erklären, wie das geht:

1 Vor der Datenlöschung sollten Sie von allen Daten, die Sie behalten möchten, eine Sicherungskopie anlegen. Sie können die Daten per Verbindungskabel auf einen PC oder ein externes Speichermedium (etwa einen USBStick oder eine Festplatte) übertragen oder mithilfe eines Cloud-Services online speichern. Wenn Sie Ihr Smartphone mit Ihrem Google-Konto oder Ihrer Apple-ID synchronisieren, können Sie Fotos, Kontakte & Co bei einem Handywechsel direkt übernehmen.

Sie benötigen

- Smartphone
- Speicherort zur Datensicherung

2 Bevor Sie sich um den internen Speicher des Gerätes kümmern, entfernen Sie die Sim-Karte aus Ihrem Smartphone. Darauf sind oft persönliche Daten wie Telefonnummern oder Kontaktdaten gespeichert. Sollten Sie keine Verwendung mehr für die Sim-Karte haben, können Sie sie durch Ihren Netzanbieter oder den bundesweiten Sperrnotruf 116 116 abstellen lassen. Falls vorhanden, entfernen Sie außerdem die Speicherkarte. Während viele Hersteller bei aktuellen Smartphones inzwischen auf den Platz dafür verzichten, sind vor allem ältere Modelle oft noch mit zusätzlichen Speicherkarten ausgestattet – auch diese können sensible Daten enthalten.

3 Nun können Sie Ihr Handy auf die Werkseinstellungen zurücksetzen. Das geht je nach Hersteller und Betriebssystem üblicherweise in den Einstellungen unter „System" oder „Allgemeine Verwaltung". Die neueren Smartphones sind von Haus aus verschlüsselt. Beim Zurücksetzen des Handys wird der „Key" gelöscht, der den Zugriff auf den Datenspeicher ermöglicht. Ohne ihn an die Daten zu kommen, ist mit aktuellen technischen Möglichkeiten praktisch unmöglich. Ältere Smartphones haben oft keine Verschlüsselung. Sind Sie unsicher, können Sie den Speicher des Handys zusätzlich mit „Datenmüll" füllen, um die alten Daten restlos zu überschreiben. Unter test.de/handydaten-loeschen lesen Sie mehr zum Thema.

Cloud-Speicher nutzen

Spätestens seit der Corona-Pandemie sind Online-Speicherorte für Daten – sogenannte Clouds – in vielen Unternehmen Standard. Doch auch für private Nutzer sind die Datenwolken attraktiv. Fotos können via Internet einfach geteilt und Dokumente von mehreren Nutzern bearbeitet werden. So geht's:

1 Zuerst müssen Sie sich für einen passenden Cloud-Dienst entscheiden. Neben Platzhirschen wie Microsoft, Google Drive und iCloud gibt es mittlerweile auch zahlreiche kleinere Plattformen. Meist ist die Nutzung bis zu einem bestimmten Speichervolumen gratis. Wichtige Faktoren bei der Wahl des Dienstleisters: verfügbarer Speicherplatz, Datensicherheit sowie der Komfort bei der Nutzung. Wir testen in unregelmäßigen Abständen die

Sie benötigen

- **Computer, Smartphone oder Tablet mit Internetzugang**
- **E-Mail-Adresse**
- **Eventuell eine Netzwerkfestplatte (NAS)**

Dienste von Cloud-Anbietern. Unter test.de/cloud lesen Sie mehr dazu.

2 Beim Dienst Ihrer Wahl richten Sie nun einen Nutzer-Account ein. Für die Registrierung werden meist Name, E-Mail-Adresse und Passwort benötigt. Eventuell haben Sie sich bereits unwissentlich bei einem Cloud-Speicher registriert: Wer etwa einen Google-Mail-Account nutzt, hat auch Zugriff auf Google Drive. Mit einem iPhone geschossene Fotos können nach Anmeldung mit der Apple-ID automatisch mit der iCloud synchronisiert werden.

3 Für das tatsächliche Übertragen der Daten in die Cloud gibt es verschiedene Wege: Dateien können über den Browser oder Smartphone-Apps manuell hochgeladen werden. Viele Dienste bieten außerdem die Synchronisierung – also den automatischen Datenabgleich – zwischen Endgerät und Cloud an. Schöner Nebeneffekt: Falls Rechner oder Festplatte einmal den Geist aufgeben, sind nicht gleich alle Daten verloren.

Tipp

Wer seine privaten Dateien nicht in die Hände von Anbietern legen möchte, kann mithilfe einer sogenannten Netzwerkfestplatte (NAS) eine eigene, private Cloud einrichten. Das ist mit mehr Aufwand und technischem Know-how verbunden. Den NAS-Test der Stiftung Warentest finden Sie unter test.de/nas im Internet.

Mit Code frankieren

Keine Briefmarke zur Hand? Zumindest für Menschen mit Smartphone oder Tablet gibt es eine einfache Lösung. Über eine App bekommen sie einen Code. Die Deutsche Post AG bietet die „Mobile Briefmarke" an. Es fallen keine Gebühren zusätzlich zum Porto an.

1 Laden Sie die kostenlose Post & DHL App auf Ihr Smartphone oder Tablet, mit der Sie einen Code erhalten, um den Briefumschlag oder die Postkarte zu beschriften. Die Nutzer von Android-Geräten finden diese App im Google Play Store, Apple-Nutzer laden sie im App Store herunter. Der Service lässt sich für Postkarten und Briefe innerhalb Deutschlands nutzen.

Sie benötigen

- **Smartphone oder Tablet**
- **Konto beim Bezahldienst Paypal**

2 Um den Code anzufordern, öffnen Sie die App und wählen Sie „Frankieren". Hier gibt es den Unterpunkt „Portoberater", mit dem Sie die passende Frankierung ermitteln können. Anschließend wählen Sie erst „Brief", dann das gewünschte Porto und schließlich „Als Code zum Beschriften".

3 Um das Porto zu begleichen, werden Sie automatisch auf die Webseite des Bezahldienstes Paypal weitergeleitet. Loggen Sie sich ein und geben Sie die Zahlung frei. Zahlen ist ausschließlich mit Paypal möglich, was einige Kunden kritisieren.

4 Jetzt wird Ihnen ein Code zugewiesen, der aus den Zeichen #PORTO und einer achtstelligen Buchstaben-Zahlen-Folge besteht und zwei Wochen gültig ist. Schreiben Sie diesen Code in zwei Zeilen rechts oben auf Ihrer Sendung, und zwar mit einem schwarzen Filzstift oder einem Kugelschreiber.

5 Brief oder Postkarte ist fertig für den Versand. Ab damit in einen der rund 100 000 Briefkästen! Die Sortiermaschinen erkennen die Sendungen mit den handgeschriebenen Portocodes. Eine Software prüft, ob die Codes korrekt sind und nicht doppelt verwendet wurden. Ist alles okay, werden sie zugestellt.

Wissenswert

Sendungen mit Zusatzleistungen wie Einschreiben können nicht mit einem Code verschickt werden.

Fake-Shop entlarven

Wer online einkaufen will, gerät schnell an betrügerische Fake-Shops. Kriminelle locken dort mit attraktiven Angeboten. Die Opfer kaufen und bezahlen, doch geliefert wird nie oder nur minderwertige Ware. Mit ein paar Tricks erkennen Sie schnell, wenn hinter einem Shop ein Betrüger steckt. Wir zeigen, wie es geht:

1 Schauen Sie sich zunächst genau die Preise an. Lockt der Online-Shop mit auffallend günstigen Angeboten, steckt womöglich ein Betrüger dahinter. Verlassen Sie sich nicht auf eine professionell wirkende Internetseite. Auch Fake-Shops können sehr seriös aussehen.

2 Geben Sie nun den Shop bei einer Suchmaschine ein. Ist der Shop seriös, finden sich im Internet be-

Sie benötigen

- **Internetzugang**
- **Ungefähre Preisvorstellung von dem Produkt, das Sie interessiert**
- **Etwas Misstrauen**

stimmt positive Bewertungen zufriedener Kunden. Geben Sie den Shopnamen auch auf Bewertungsplattformen wie de.trustpilot.com ein. Steckt hinter dem Shop ein Betrüger, stoßen Sie auf solchen Webseiten womöglich auf Warnungen geprellter Käufer.

3 Suchen Sie als nächstes auf der Internetseite des Shops nach einer Datenschutzerklärung und einem Impressum. Unternehmen in Deutschland sind zu diesen Angaben verpflichtet. Ein fehlendes oder unvollständiges Impressum könnte auf einen Fake-Shop hinweisen. Manchmal verbirgt sich hinter einem Online-Händler ohne Impressum aber auch ein tatsächlich existierender Shop aus Asien. Gibt es ein Impressum, googeln Sie zusätzlich die Angaben und überprüfen Sie, dass diese nicht zu einem anderen Unternehmen gehören. Einige Betrüger kopieren real existierende Firmenangaben.

4 Machen Sie sich auf die Suche nach Gütesiegeln. Einige Fake-Shop-Betreiber erfinden eigene Siegel oder kopieren bekannte Siegel. Wenn es ein Siegel gibt (etwa von „Trusted Shops"), klicken Sie es an. Ist es echt, öffnet sich die Unternehmensseite des Siegels und Sie können nachlesen, welche Kriterien der Shop für die Zertifizierung erfüllt.

5 Wählen Sie eine sichere Zahlungsmethode. Verzichten Sie besser auf die Zahlung per Vorkasse. Im Betrugsfall sind Sie damit Ihr Geld los. Sicherer ist die Bezahlung per Rechnung. So zahlen Sie erst, wenn die Ware wirklich bei Ihnen angekommen ist.

Versicherungen, Verträge und Rechtliches

Vorsorgevollmacht erteilen • Patientenverfügung erstellen • Sterbeurkunde • Erbschein beantragen• Onlineanzeige bei der Polizei • Dokumente beglaubigen lassen • Altersteilzeit nehmen • Kontovollmacht erteilen • Patent anmelden • Bankschließfach mieten • Verein gründen • Kirchenaustritt • Führungszeugnis • Pflegegrad ändern • Antrag auf Schwerbehindertenausweis • Rente beantragen • Flugpreis zurückfordern • Scheidung einreichen • Petition beim Bundestag starten • Hund anmelden • Identität offiziell berichtigen • Krankenkasse wechseln • Eheschließung anmelden • Steuer-ID neu abfragen

Vorsorgevollmacht erteilen

In einer Vorsorgevollmacht können Erwachsene einen Menschen ihres Vertrauens bestimmen, der sie rechtlich vertreten darf, etwa gegenüber Ärzten, Behörden oder der Bank. Datum und Unterschrift reichen aus, damit eine Vorsorgevollmacht gültig ist. Ein Notar ist nicht nötig.

1 Besorgen Sie sich zunächst ein Formular für eine Vorsorgevollmacht. Ein Vordruck ist sinnvoll, weil Sie dann nichts Wichtiges vergessen und alles korrekt formuliert ist. Einen Vordruck gibt es beispielsweise bei der Stiftung Warentest in dem Ratgeber „Das Vorsorge-Set", das für 16,90 Euro in Buchhandlungen oder online erhältlich ist (test.de/vorsorgebuch).

2 Wählen Sie für ihre rechtliche Vertretung eine Person, in die Sie uneingeschränktes Vertrauen setzen. Das können nahe Angehörige oder Freunde sein. Sprechen Sie mit ihnen darüber,

Sie benötigen

- **Eine Person Ihres Vertrauens**
- **Einen Vordruck für eine Vorsorgevollmacht**

dass die Aufgabe viel Zeit kosten kann. Versuchen Sie nicht, jemanden dazu zu überreden.

3 In der Vorsorgevollmacht legen Sie fest, welche Aufgaben die Vertrauensperson übernehmen soll. Dazu gehören in der Regel die Gesundheitssorge, die Vertretung gegenüber Behörden, die Kontoverwaltung und die Bestimmung über den Wohnort. Freiheitsentziehende Maßnahmen darf ein Bevollmächtigter allerdings nur mit Zustimmung eines Gerichts veranlassen.

4 Eine Vorsorgevollmacht ist mit Datum und Unterschrift gültig. Es kann sinnvoll sein, die Unterschrift unter einer Vorsorgevollmacht beglaubigen zu lassen, zum Beispiel bei einer Betreuungsbehörde für 10 Euro. Empfehlenswert ist eine vom Notar beurkundete Vorsorgevollmacht bei komplexeren Familienverhältnissen oder Geschäftsvermögen. Die Urkunde wird auch von Banken akzeptiert. Sollen Bevollmächtigte einen Kredit aufnehmen dürfen, ist eine Urkunde Pflicht.

5 Vorsorgedokumente wie eine Vorsorgevollmacht können beim Vorsorgeregister der Bundesnotarkammer registriert werden, für eine einmalige Gebühr ab rund 20 Euro (vorsorgeregister.de). Ärzte und Betreuungsgerichte haben im Notfall ein Einsichtsrecht.

Rechtliche Betreuung

Mit der Vorsorgevollmacht haben allein Sie es in der Hand, wer für Sie Entscheidungen trifft. Liegt keine Vorsorgevollmacht vor, bestimmt ein Betreuungsgericht, wer Sie vertreten soll.

Patientenverfügung erstellen

In einer Patientenverfügung legen Sie Ihre Behandlungswünsche für eine aussichtslose Krankheitssituation am Lebensende fest. Das hilft Ärzten und Angehörigen, wenn sie über lebenserhaltende Maßnahmen entscheiden müssen.

1 Die Entscheidung für oder gegen eine Patientenverfügung trifft jede und jeder für sich allein. Beschäftigen Sie sich mit dem Thema, sprechen Sie mit Angehörigen darüber, besuchen Sie Vorträge oder lesen Sie Bücher über das Sterben. Über die medizinischen Möglichkeiten am Lebensende klären Hausärzte auf. Eine Beratung zur Patientenverfügung ist jedoch keine Leistung der gesetzlichen Krankenversicherung, sondern eine „individuelle Gesundheitsleistung“. Patienten zahlen sie aus eigener Tasche. Ärzte verlangen etwa zwischen 60 Euro bis über 325 Euro, je nach Beratungsumfang.

2 Es ist hilfreich, für das Erstellen einer Patientenverfügung ein Formular zu verwenden, damit alles medi-

Sie benötigen

- Einen freien Willen
- Einen Vordruck für eine Patientenverfügung

zinisch korrekt formuliert ist. Einen Vordruck gibt es etwa bei der Stiftung Warentest in dem Ratgeber „Das Vorsorge-Set", das für 16,90 Euro in Buchhandlungen oder online erhältlich ist (test.de/vorsorgebuch). Es ist jedoch genauso möglich, auf einem Blatt Papier Behandlungswünsche für das Lebensende selbst zu formulieren, mit Datum und Unterschrift ist das Dokument gültig. Ein Notar ist nicht nötig.

3 Ergänzen Sie die Patientenverfügung mit einer schriftlichen „Vorsorgevollmacht". Ihre darin genannte Vertrauensperson ist Ansprechpartner für Ärzte, wenn Sie selbst nicht mehr entscheiden können und einwilligungsunfähig sind. Besprechen Sie mit Ihrer Vertrauensperson, was Lebensqualität am Lebensende für Sie bedeutet.

4 Die Entscheidung steht? Dann sollten Sie wichtige Angehörige darüber informieren. Ebenso ist es sinnvoll, das Vorhandensein von Vorsorgedokumenten wie einer Patientenverfügung beim Vorsorgeregister der Bundesnotarkammer zu registrieren, für eine einmalige Gebühr ab rund 20 Euro (vorsorgeregister.de). Ärzte und Betreuungsgerichte haben im Notfall ein Einsichtsrecht ins Register.

5 Falls sich Ihre Ansichten ändern, können Sie die Patientenverfügung jederzeit neu formulieren oder zurücknehmen, auch mündlich.

6 Wenn Sie keine Patientenverfügung haben, gilt Ihr „mutmaßlicher Wille". Dann zählt zum Beispiel, was Sie früher gesagt haben.

Sterbeurkunde

Die Sterbeurkunde ist ein amtliches Dokument, das den Tod einer Person bescheinigt. Die Urkunde ist in Deutschland Pflicht und das wichtigste Dokument für sämtliche Formalitäten nach einem Todesfall. Zuständig für das Ausstellen ist das Standesamt der Stadt, der Ortsgemeinde oder des Bezirks, in dem der Mensch verstorben ist.

1 Klären Sie, wer die Sterbeurkunde beantragen darf. Antragsberechtigt sind der letzte Ehepartner sowie Menschen, die mit der verstorbenen Person in gerader Linie verwandt waren, also Eltern, Kinder, Geschwister, Großeltern, Enkel. Außerdem jede Person, die ein rechtliches Interesse nachweisen kann, etwa durch ein Schreiben des Nachlassgerichts. Ist ein Bestatter beauftragt, bietet er meist das Beantragen der Sterbeurkunde als Dienst-

Sie benötigen

- **Anschrift des Standesamtes am Ort des Todesfalles**

leistung an, ebenso das Abmelden des Verstorbenen bei der Krankenversicherung und gesetzlicher Rentenversicherung.

2 Melden Sie den Sterbefall innerhalb von drei Werktagen nach dem Tod beim Standesamt. Das ist persönlich, schriftlich und manchmal online möglich. In der Regel müssen folgende Dokumente im Original vorlegen: Ärztliche Todesbescheinigung, Geburtsurkunde und Personalausweis des Verstorbenen. War der verstorbene Mensch verheiratet, geschieden oder verwitwet, sind zusätzlich Heirats- oder Lebenspartnerschaftsurkunde, rechtskräftiges Scheidungsurteil oder Sterbeurkunde des Ehepartners nötig. Hinterlässt ein verstorbener Mensch minderjährige Kinder, ist zusätzlich die Geburtsurkunde der Kinder nötig.

3 Die Gebühr für eine Sterbeurkunde beträgt oft zwischen 12 Euro und 20 Euro, je nach Stadt und Gemeinde. Für jedes weitere Exemplar können Gebühren zwischen etwa 5 Euro und 12 Euro anfallen.

Wissenswert

Angehörige des Verstorbenen benötigen mehrere Ausfertigungen der Sterbeurkunde, zum Beispiel für die Beerdigung, die Krankenkasse, gesetzliche Rentenversicherung, Bank, Finanzamt, Auszahlung aus einer Lebensversicherung und für das Beantragen eines Erbscheins beim Nachlassgericht. Eine Kopie der Sterbeurkunde reicht in der Regel für die Kündigung von Hausrat- und Autoversicherung, Handy- und Stromvertrag und Mitgliedschaften in Vereinen.

Erbschein beantragen

Wollen die Erben über das Vermögen der verstorbenen Person verfügen, benötigen sie einen Nachweis über ihre Stellung als Erbe. Oft müssen sie einen Erbschein beantragen.

1 Stellen Sie fest, ob Sie wirklich einen Erbschein benötigen. Ein Bankguthaben können Sie sich auch ohne Erbschein auszahlen lassen, wenn Sie zu Lebzeiten eine Kontovollmacht vom Verstorbenen bekommen haben, die über den Tod hinaus gültig ist. Ohne Schein geht es auch, wenn Sie der Bank das Testament oder eine beglaubigte Kopie davon vorzeigen und daraus hervorgeht, dass Sie Erbe sind. Sie müssen dann aber zusätzlich das Protokoll des Amtsgerichts über die Testamentseröffnung vorlegen. Gibt es kein Testament oder ist es nicht eindeutig, wird die Bank von Ihnen einen Erbschein verlangen. Das Umschreiben eines Grundstücks geht in der Regel nur dann ohne Erbschein, wenn ein notarielles Testament oder ein Erbvertrag hinterlassen wurde.

2 Brauchen Sie einen Erbschein, können Sie ihn in der Nachlassabteilung des Amtsgerichts am Wohnort der verstorbenen Person oder beim

Sie benötigen

- Termin bei Amtsgericht oder Notar
- Personalausweis oder Reisepass
- Sterbeurkunde
- Falls vorhanden Testament oder Erbvertrag
- Anschriften aller Miterben

Notar beantragen. Rufen Sie beim Amtsgericht oder einem Notariat an, vereinbaren Sie einen Termin und fragen Sie nach, welche Unterlagen Sie dafür benötigen. In jedem Fall ist die Sterbeurkunde mitzubringen. Ein handschriftliches Testament müssen Sie im Original vorlegen, wenn noch keine Testamentseröffnung stattgefunden hat. Existiert kein Testament, müssen Sie Dokumente vorlegen, aus denen sich Ihre Stellung als gesetzlicher Erbe ergibt. Hat die Ehefrau geerbt, muss sie etwa die Heiratsurkunde vorlegen. Nehmen Sie das Familienstammbuch des Verstorbenen mit, wenn es eines gibt. Einige Ihrer Angaben müssen Sie eidesstattlich versichern.

3 Beim Beantragen müssen Sie ein Formular zum Wert des Nachlasses der verstorbenen Person ausfüllen. Auch etwaige Schulden werden erfasst. Je wertvoller der Nachlass ist, desto mehr kostet der Erbschein.

4 Wenn Sie noch Unterlagen nachreichen müssen, kann es mehrere Wochen dauern, bis der Erbschein da ist. Liegen alle Dokumente vor, geht es aber meist sehr schnell.

Kosten – Bei Gericht billiger

Ist ein Nachlass zum Beispiel 50 000 Euro wert, kostet der Erbschein beim Amtsgericht 330 Euro, bei einem Wert von 100 000 Euro sind es 546 Euro. Eine Übersicht über die Gebühren finden sie unter test.de/erbschein.
Den Erbschein beim Notar zu beantragen, ist teurer: Auf seine Gebühr kommen 19 Prozent Mehrwertsteuer.

Onlineanzeige bei der Polizei

Wenn Sie Opfer oder Zeuge einer Straftat geworden sind, müssen Sie nicht unbedingt zur Polizeiwache gehen, um eine Anzeige zu erstatten. Das geht auch per Computer unabhängig von Zeit und Ort.

1 Öffnen Sie das Portal der Onlinewache über die folgende Webseite: portal.onlinewache.polizei. Wählen Sie das Bundesland aus, in dem die Straftat geschehen ist. Die Polizei des jeweiligen Bundeslandes ist für Ihre Anzeige zuständig. In den meisten Bundesländern funktioniert die Anzeige direkt über die Website der Onlinewache, fünf Länder haben eigene Portale. Falls Sie eine Straftat melden wollen, die im Internet passiert ist oder deren Tatort nicht bekannt ist, wählen Sie das Bundesland, in dem Sie wohnen.

2 Füllen Sie das Formular gewissenhaft aus. Sie müssen die klassischen W-Fragen beantworten: Was ist passiert? Wie, wo und wann ist es passiert? Wer wurde geschädigt? Sie werden nach Tathilfsmitteln und Zeugen

Sie benötigen

- **Internetzugang**
- **E-Mail-Adresse**
- **Personalien und Kontaktdaten von Ihnen selbst und anderen Beteiligten**
- **Alle Unterlagen, die der Polizei als Beweismittel nützlich sein könnten – Fotos, Quittungen, relevante Dokumente etc.**

gefragt, nach der Schadenhöhe und möglichen Motiven des Täters. Natürlich werden auch Ihre persönlichen Daten erfragt: Name, Wohnanschrift, E-Mail-Adresse, Geburtsdatum und Geburtsort und wie Sie telefonisch für Rückfragen erreichbar sind.

3 Nach dem Absenden erhalten Sie automatisch eine Eingangsbestätigung. Darin steht das polizeiliche Aktenzeichen. Die eingehenden Online-Anzeigen werden von Sachbearbeitern bewertet und an die zuständige Dienststelle weitergeleitet, wo sie bearbeitet werden. Dann werden Sie über das weitere Vorgehen informiert – auch, ob Sie zusätzlich einen Strafantrag stellen sollten. Für einige Delikte ist das zur strafrechtlichen Verfolgung notwendig, zum Beispiel bei Beleidigung oder Verleumdung. Ein Strafantrag ist online bisher nicht möglich. Dafür müssen Sie persönlich zur Wache. Wenn Sie sich unsicher sind, ob in Ihrem Fall ein Strafantrag nötig ist, informieren Sie sich am besten persönlich bei der Polizei. Falls Ihnen noch etwas einfällt oder Sie Unterlagen nachreichen wollen, wenden Sie sich mit dem Aktenzeichen Ihrer Anzeige direkt an die jeweilige Dienststelle.

Achtung

Eine einmal erstattete Anzeige können Sie nicht zurückziehen. Wenn Sie sich nicht sicher sind, dass es sich um eine Straftat handelt, können Sie auf den Webseiten der Onlinewachen meist auch nur einen „Hinweis“ geben. Für akute Notfälle wie Einbruch oder Autodiebstahl wählen Sie den Notruf 110.

Dokumente beglaubigen lassen

Wichtige Dokumente wie Urkunden oder Zeugnisse sind häufig nur dann gültig, wenn sie von einem Notar oder einer Behörde beglaubigt wurden. Diese bestätigen die Richtigkeit des Dokuments. Der Notar nimmt eine öffentliche Beglaubigung vor, die Behörde eine amtliche. So sollten Sie vorgehen:

1 Prüfen Sie erst, welche Form der Beglaubigung Sie benötigen. Geht es darum, eine Unterschrift beglaubigen zu lassen? Oder in einer Abschrift zu bestätigen, dass die Kopie mit dem Original übereinstimmt?

2 Bei einigen Dokumenten ist Ihre Unterschrift nur rechtsgültig, wenn ein Notar bestätigt, dass Sie das Dokument unterschrieben haben (öffentliche Beglaubigung). Das ist zum Beispiel der Fall bei Einträgen ins Han-

Sie benötigen

- **Das Original**
- **Gültiges Ausweis- oder Passdokument**
- **Mindestens 5 Euro für amtliche Beglaubigung**

delsregister und auch im Familien- und Erbrecht. Anders ist es bei einer amtlichen Beglaubigung. Um etwa eine beglaubigte Kopie zu erhalten, können Sie das Dokument persönlich bei einer ermächtigten Behörde vorlegen.

Öffentliche Beglaubigung: Wenn Sie eine öffentliche Beglaubigung brauchen, können Sie im Internet einen Notar suchen (notar.de). Die Kosten für die Beglaubigung richten sich meist nach dem Vermögenswert und der Art des Dokuments. Doch Vorsicht: Ein Notar prüft im Zuge der Beglaubigung nicht die Gültigkeit des Originals. Es wird lediglich bestätigt, dass Sie das Dokument unterschrieben haben oder die Kopie mit dem Original identisch ist.
Amtliche Beglaubigung: Bürgerämter oder Rathäuser stellen meist eine Beglaubigung aus, wenn Ihnen eine deutsche Behörde das Originaldokument ausgestellt hat oder Sie eine Kopie zur Vorlage bei einer deutschen Behörde brauchen. Machen Sie einen Termin und nehmen Sie Original und Kopie mit. In der Regel ist es günstiger, das Dokument selbst zu kopieren. Die Beglaubigung kostet zwischen 5 und 10 Euro. Manche Abschriften kann nur die Behörde beglaubigen, die das Original ausgestellt hat. Dazu gehören zum Beispiel Personenstandsurkunden, die Sie beim zuständigen Standesamt vorlegen müssen, oder Auszüge aus dem Grundbuch.

Altersteilzeit nehmen

Altersteilzeit ist der beste Weg in einen vorgezogenen Ruhestand. Arbeitnehmer können früher aufhören und bekommen weiterhin ein reduziertes Gehalt. Der finanzielle Verlust hält sich aber in Grenzen. Obwohl es keinen gesetzlichen Anspruch gibt, bieten viele Firmen Altersteilzeit an.

1 Überlegen Sie mit Mitte 50, ob Sie in Altersteilzeit gehen möchten und ob Sie sich die damit verbundenen finanziellen Einbußen leisten können und wollen. Altersteilzeit können Sie frühestens mit 55 Jahren in Anspruch nehmen. In vielen Branchen ist sie erst ab 57 Jahren oder später möglich.

2 Informieren Sie sich beim Betriebs- oder Personalrat oder in der Personalabteilung, ob Altersteilzeit in

Sie benötigen

- **Eine tarifvertragliche oder betriebliche Altersteilzeitregelung oder die Zustimmung des Chefs**
- **Einen formlosen Antrag**

Ihrem Betrieb möglich ist. Dies ist dann der Fall, wenn ein entsprechender Tarifvertrag oder eine Betriebsvereinbarung für Ihren Betrieb gilt. Einen Tarifvertrag zur Altersteilzeit gibt es beispielsweise in der Metall- und Elektroindustrie und im öffentlichen Dienst. Gibt es weder eine tarifvertragliche noch eine betriebliche Altersteilzeitregelung, können Sie eine individuelle Vereinbarung mit Ihrem Chef schließen. Auf seine Zustimmung haben Sie in diesem Fall aber keinen Anspruch.

3 Entscheiden Sie sich für eine der beiden Formen der Altersteilzeit: Entweder können Sie Ihre Arbeitszeit in der gesamten Altersteilzeit um 50 Prozent reduzieren oder Sie entscheiden sich für das Blockmodell. Es besteht aus zwei gleich großen Blöcken. Im ersten arbeiten Sie zunächst voll weiter, beziehen aber nur das halbe Gehalt, das vom Chef um mindestens 20 Prozent aufgestockt wird. Im zweiten Block arbeiten Sie gar nicht mehr, beziehen aber weiter Ihr Altersteilzeitgehalt. In vielen Branchen bekommen Altersteilzeitler auch mehr als gesetzlich vorgeschrieben, denn die Tarifpartner haben höhere Gehälter vereinbart.

4 Die Altersteilzeit beantragen Sie mit einem formlosen Schreiben mit den besprochenen Details (Art des Modells, Datum, Dauer) an die Personalabteilung. Häufig haben Unternehmen dafür Vordrucke.

Kontovoll-macht erteilen

Wer soll sich um das Girokonto, Festgeld und Depot kümmern, wenn Sie dazu nicht mehr in der Lage sind? Das regeln Sie mit einer Konto- oder Bankvollmacht, in der Sie eine Vertrauensperson bevollmächtigen. Selbst wenn Sie eine Vorsorgevollmacht erstellt haben, ist eine ergänzende Kontovollmacht sinnvoll.

1 Es gibt Situationen, in denen es praktisch oder nötig ist, dass eine zweite Person das Konto verwalten darf. Vorübergehend oder dauerhaft, etwa nach einem schweren Unfall, bei Krankheit oder Pflegebedürftigkeit. Zahlungsverpflichtungen laufen oft weiter, Krankenhaus-, Arzt- oder Pflegekosten müssen überwiesen werden. Sprechen Sie mit einer Vertrauensperson wie Ehepartner, erwachsenen Kindern, Freund oder Freundin,

Sie benötigen

- **Eine Vertrauensperson**
- **Ein Formular für eine Kontovollmacht, das die Bank anbietet**
- **Gültiges Ausweisdokument**

ob sie die Verantwortung für Konto und Geld übernimmt. Unbedingtes Vertrauen ist Voraussetzung.

2 Mit einer Konto- oder Bankvollmacht hat eine zweite Person Zugriff auf das Geld. Jede Bank und Sparkasse, ob Filialbank oder Depotbank, verwendet ein eigenes Formular. Bei der Hausbank vor Ort vereinbaren Sie einen Termin für sich und Ihre Vertrauensperson. Bringen Sie ein gültiges Ausweisdokument mit und unterschreiben Sie vor Ort. Bei Direktbanken finden Sie eine Kontovollmacht zum Herunterladen im jeweiligen Onlineportal. Der Identitätsnachweis erfolgt über das Post- oder Video-Ident-Verfahren. Achtung: Einige ausländische Direktbanken bieten keine Kontovollmacht an. Sie können dann erwägen, die Bank zu wechseln.

3 Die Kontovollmacht ist ab dem Zeitpunkt der Unterschrift gültig und sie gilt in der Regel über den Tod des Kontoinhabers hinaus, so genannte transmortale Vollmacht. Ein Bevollmächtigter kann dann nach dem Tod auf das Konto zugreifen und zum Beispiel die Beerdigungskosten zahlen. Es gibt auch Kontovollmachten, die bis zum Tod oder ab dem Tod des Kontoinhabers gelten. Sie werden manchmal von Banken und Portalen mit Sitz im Ausland angeboten.

4 Übrigens: Falls die bevollmächtigte Person Ihr Vertrauen verliert, können Sie die Vollmacht jederzeit widerrufen. Ein Schreiben an die Bank reicht. Unter test.de/kontovollmacht finden Sie mehr Informationen über Bank- und Kontovollmachten sowie einen Test.

Patent anmelden

Haben Sie ein neues Produkt oder Verfahren erfunden, können Sie es mit einem Patent vor Nachahmung schützen und sich die Verwertungsrechte sichern. Anders ist es bei Erfindungen von Angestellten im Rahmen ihrer Arbeit: Ihre Ideen kann die Firma patentieren lassen. Den Erfindern steht eine Vergütung zu.

1 Prüfen Sie, ob Ihre Erfindung für einen Patentschutz geeignet ist. Dazu muss sie neu, gewerblich nutzbar und mehr als eine kleine Weiterentwicklung sein. Sie darf noch nicht veröffentlicht oder auf Fachtagungen präsentiert worden sein. Halten Sie sie geheim! Es darf noch kein Patent darauf existieren. Das können Sie beim Deutschen Patent- und Markenamt unter dpma.de/recherche recherchieren.

Sie benötigen

- **Eine technische Erfindung**
- **Unterlagen fürs Patentamt wie Zeichnungen (siehe Schritt 2)**
- **Etwa 450 Euro für Gebühren**

2 Stellen Sie die Unterlagen für die Patentanmeldung zusammen. Sie brauchen das Antragsformular, die technische Beschreibung, eine genaue Angabe aller Punkte, die Sie schützen lassen wollen, sowie Zeichnungen – falls möglich. Erstellen Sie außerdem eine kurze Zusammenfassung, die vom Patentamt veröffentlicht wird. Wichtig: Name, Adresse und Unterschrift aller an der Erfindung Beteiligten.

3 Entscheiden Sie, in welchen Ländern Sie Ihre Idee patentieren lassen wollen. Ein internationales Patentverfahren können Sie über das Deutsche Patent- und Markenamt starten. Pro Land läuft jeweils ein kostenpflichtiges Verfahren.

4 Reichen Sie Ihre Unterlagen beim Patentamt ein – am besten elektronisch. Je Patent in Deutschland fallen etwa 450 Euro Gebühren an.

5 Ist das Patent erteilt, denken Sie daran, es jährlich zu verlängern. Sie müssen die Gebühr unaufgefordert bezahlen, sonst erlischt der Schutz. Diese beträgt anfangs 70 Euro und steigt jährlich. Im zehnten Jahr sind es bereits 430, im zwanzigsten 2 030 Euro.

Tipp

Fachliche und rechtliche Unterstützung finden Sie über die Patentanwaltskammer unter patentanwalt.de.

Bankschließ-fach mieten

Wem es zu unsicher ist, größere Mengen Bargeld, wichtige Dokumente und Wertgegenstände wie Schmuck oder Gold zu Hause aufzubewahren, der sollte ein Schließfach mieten. Wir klären, was Sie dabei beachten sollten:

1 Überlegen Sie, was Sie in das Fach hineintun wollen, denn nach der Größe richtet sich der Preis. Die meisten Banken bieten mehrere Schließfachgrößen an: von S (etwa 1 Liter) bis XXL (in Einzelfällen über 400 Liter). Wenn Sie häufiger an das Fach heranmüssen, sollte es in Wohnortnähe sein. Das ist nicht immer möglich, weil es wegen hoher Nachfrage Wartelisten gibt oder die Anlagen sogar komplett vermietet sind.

2 Anlaufstelle ist zuerst Ihre Hausbank. Hat diese keine Schließfächer – wie Postbank und Targobank – oder ist ausgebucht, wenden Sie sich an eine fremde Bank. Dort müssen Sie fragen, ob sie auch an Nichtkunden vermietet. In diesem Fall kann beim

Sie benötigen

- **Personalausweis oder Reisepass mit Meldebestätigung**
- **Hilfreich ist ein Girokonto bei einer Bank mit Schließfachanlage**

Mietpreis ein saftiger Aufpreis fällig werden. Dritte Möglichkeit: Gehen Sie zu einem bankenunabhängigen – oft ebenfalls teureren – Anbieter. Die sind meist nur in großen Städten präsent. Konditionen und Anbieter finden Sie unter test.de/bankschliessfaecher.

3 Vereinbaren Sie mit dem Anbieter Ihrer Wahl einen Termin vor Ort. Dort schließen Sie schriftlich einen Vertrag, der unter anderem die Schrankfachnummer, Mietdauer, Mietpreis und eine mögliche Versicherung nennt. Bei einigen bankenunabhängigen Anbietern können Sie das Schließfach online über deren Internetseite mieten.

4 Prüfen Sie, ob im Mietpreis eine Versicherung für den Schließfachinhalt enthalten ist, insbesondere Bargeld ist manchmal ausgeschlossen. Ist die Versicherung inklusive, prüfen Sie, ob die Versicherungssumme ausreicht. Gegen Aufpreis können Sie oft zusätzlichen Schutz abschließen. Alternativ können Sie Versicherungsschutz über Ihre Hausratversicherung anfragen.

5 Fertigen Sie eine Bestandsliste an, damit Sie im Schadensfall beweisen können, was im Schließfach lag. Fotografieren Sie Schmuck in häuslicher Umgebung und heben Kaufbelege und Expertisen auf. Schwieriger ist der Nachweis bei Bargeld. Hier sollten Betrag, Anzahl der Scheine und Stückelung sowie der Zeitpunkt der Einlagerung dokumentiert werden. Außerdem sollten Sie nachweisen können, woher das Geld stammt, zum Beispiel durch Auszahlungsbelege einer Bank oder Verkaufsquittung eines Schmuckstücks.

Verein gründen

Mit vereinten Kräften lässt sich einiges bewegen. Insbesondere wenn gemeinsame Interessen aufeinandertreffen oder der gute Zweck im Vordergrund steht, lohnt sich die Gründung eines Vereins. Wir zeigen, wie es geht:

1 Überlegen Sie sich, ob Sie Ihren Verein ins Vereinsregister eintragen lassen möchten. Der Unterschied zwischen eingetragenen Vereinen (e. V.) und nicht eingetragenen Vereinen betrifft vor allem Fragen der Haftung. Durch die Eintragung ins Vereinsregister erhält der Verein den Status einer juristischen Person – damit kann der Verein etwa klagen, verklagt werden oder als Erbe eingesetzt werden. Zur Gründung nicht eingetragener Vereine reichen zwei Mitglieder, für einen eingetragenen Verein müssen es mindestens sieben geschäftsfähige Personen sein.

2 Haben Sie sich für die Eintragung ins Vereinsregister entschieden, müssen Sie als nächstes eine offizielle Gründerversammlung abhalten. Dabei einigen Sie sich mit allen Gründungs-

Sie benötigen

- **Antrag auf Eintragung des Vereins**
- **Kopie von Satzung und Gründungsprotokoll**
- **Termin beim Notar**
- **Bis zu 150 Euro Gebühren für Beglaubigung und Eintragung ins Vereinsregister**

mitgliedern auf eine Satzung, also auf die Regeln und Richtlinien Ihres Vereins. In der Satzung enthalten sein müssen: der Zweck des Vereins, der Vereinsname, der Vereinssitz sowie die Aussage, dass der Verein über die Registereintragung seine Rechtsfähigkeit erlangen soll. Den Vereinsnamen können Sie frei wählen. Es muss klar erkennbar sein, worum es geht, Marken- und Namensrechte dürfen nicht verletzt werden. Zusätzlich müssen alle Gründungsmitglieder einen Vorstand wählen und ein Gründungsprotokoll verfassen sowie unterzeichnen. Das Protokoll enthält zwingend die Satzungsvereinbarung und die Namen der Vorstandsmitglieder.

3 Für den Eintrag ins Vereinsregister benötigen Sie ein Anmeldungsschreiben. Eine Vorlage finden Sie etwa über das Bundesministerium für Justiz (bmj.de). Die Vorstandsmitglieder müssen das Schreiben unterzeichnen. Vereinbaren Sie einen Notartermin, um die Unterschriften beglaubigen zu lassen. Das Anmeldungsschreiben, eine Kopie der Satzung und eine des Gründungsprotokolls reichen Sie beim zuständigen Amtsgericht ein.

Tipp

Auf der Internetseite des Bundesministeriums der Justiz finden Sie eine Mustersatzung und weitere Formulare zur Gründung (bmj.de - Suchworte „Musterschreiben" und „Vereinsrecht").

Kirchenaustritt

Die Gründe für einen Kirchenaustritt sind vielfältig. Oft ist es die Kirchensteuer, die evangelische und katholische Religionsgemeinschaften erheben dürfen. Ist die Entscheidung gefallen, ist der Austritt schnell erledigt. So gehts:

1 Welche Stelle für den Austritt zuständig ist, hängt von Ihrem Wohnort ab. Wenden Sie sich in Berlin, Brandenburg und Nordrhein-Westfalen ans örtliche Amtsgericht – in allen anderen Bundesländern ans Standesamt.

2 Zum Austritt aus der Kirche müssen Sie persönlich erscheinen. Gehen Sie dafür zur zuständigen Behörde und bringen Sie Ihren gültigen Personalausweis oder Reisepass mit. Begründen müssen Sie den Austritt nicht.

Sie benötigen

- **Personalausweis oder Reisepass**
- **Eventuell Familienstammbuch, Geburtsurkunden Ihrer Kinder oder Ehe-/Lebenspartnerschaftsurkunde**
- **Bis zu 60 Euro für die Gebühren**

Sind Sie verheiratet oder in einer eingetragenen Lebenspartnerschaft, können Sie den Austritt im Ehe- oder Lebenspartnerschaftsregister vermerken lassen. Auf die Kirchensteuerbefreiung hat das keinen Einfluss. Um auch den Austritt für Ihr minderjähriges Kind zu erklären, brauchen Sie zusätzlich dessen Geburtsurkunde. Sie können auch eine Austrittserklärung schriftlich verfassen und bei einem Notar einreichen. Wirksam wird der Austritt aber erst, wenn die Erklärung bei der bearbeitenden Behörde ankommt. Websites, die versprechen, den bürokratischen Akt für Kundinnen und Kunden gegen einen Unkostenbeitrag zu erledigen, sind unseriös.

3 Die anfallende Gebühr hängt vom Bundesland ab und liegt zwischen 0 und 75 Euro, in den meisten Fällen bei etwa 30 Euro. Sie zahlen in der Behörde – nicht für den Austritt selbst, sondern für den behördlichen Verwaltungsaufwand.

4 Von der für den Austritt zuständigen Behörde erhalten Sie eine Niederschrift der Austrittserklärung. Wirksam wird der Austritt mit Ablauf des Tages, an dem Sie die Niederschrift unterzeichnet haben. Mit dem Ende des laufenden Monats tritt die Befreiung der Kirchensteuerpflicht in Kraft. Einwohnermelde und Finanzamt informieren die zuständige Stelle, die auch Ihrem Arbeitgeber Ihren Austritt mitteilt.

Führungs-zeugnis

Sie wollen im öffentlichen Dienst, im Sicherheitsbereich oder mit Kindern und Jugendlichen arbeiten? In vielen Fällen müssen Sie dazu ein Führungszeugnis vorlegen. Das listet vergangene strafrechtliche Verurteilungen auf, aber nicht jede Geldstrafe oder Jugendsünde.

1 Prüfen Sie, welches Führungszeugnis Sie benötigen. Es gibt vier Varianten. Einfach: Für die meisten Zwecke und Arbeitgeber reicht das Einfache Führungszeugnis aus. Es führt nicht alle Verurteilungen auf; Geldstrafen unter 90 Tagessätzen, Freiheitsstrafen bis zu drei Monaten und Jugendstrafen unter zwei Jahren bleiben außen vor. Erweitert: Für Stellen und Ehrenämter mit Kontakt zu Kindern und Jugendlichen benötigen Sie ein Erweitertes

Sie benötigen

- **Personalausweis oder Reisepass**
- **13 oder 17 Euro**
- **Für den Onlineantrag: Kartenlesegerät oder Smartphone mit „AusweisApp“**

Führungszeugnis. Hier sind neben den oben genannten auch alle jugendschutzrelevanten Straftaten aufgeführt. Behördlich: Es dient zur Vorlage bei Ämtern und Gerichten, etwa zur Anmeldung bestimmter Gewerbezweige wie Schlüsseldienste oder Detekteien. Nach Ihrem Antrag wird es direkt an die entsprechenden Stellen weitergeleitet. Europäisches: Haben Sie eine andere EU-Staatsbürgerschaft, benötigen Sie das Europäische Führungszeugnis. Es listet auch Einträge im Strafregister des Herkunftslandes auf.

2 Beantragen Sie das Führungszeugnis persönlich beim Einwohnermeldeamt. Sie benötigen einen Personalausweis oder Reisepass und eventuell eine Aufforderung zur Beantragung eines Erweiterten Führungszeugnisses. Die Ausstellung kostet 13 Euro, das Europäische Führungszeugnis ist mit 17 Euro etwas teurer. Alternativ können Sie Ihren Antrag auch schriftlich stellen. Dafür benötigen Sie jedoch zusätzlich zu einer Ausweiskopie eine beglaubigte Unterschrift, für die Sie in der Regel sowieso beim Einwohnermeldeamt vorsprechen müssen.

Tipp

Alternativ können Sie das Zeugnis online unter fuehrungszeugnis.bund.de anfordern. Identifizieren Sie sich mit Ihrem elektronischen Personalausweis und der „AusweisApp“. Die Gebühr zahlen Sie per Kreditkarte. Das Zeugnis kommt per Post.

Pflegegrad ändern

Ihr Zustand oder der Ihres Angehörigen hat sich verschlechtert, mehr Hilfe im Alltag wird nötig. Mit einem höheren Pflegegrad – es gibt Grad 1 bis 5 – gibt es mehr Geld für Betreuung. Die Pflegekasse entscheidet darüber.

1 Sie stellen bei der gesetzlichen oder privaten Pflegekasse einen formlosen Antrag auf Höherstufung: online, per Post, am Telefon.

2 Der Medizinische Dienst (MDK) oder Medicproof meldet sich und vereinbart einen Gutachtertermin.

3 Sammeln Sie Arztberichte, Medikationsplan und eine Liste nötiger Hilfsmittel wie Hörgerät. Notieren Sie den Tagesablauf des Pflegebedürftigen, welche Hilfeleistungen waren bereits nötig (Körperpflege, Medikamentengabe),welche sollten dazukommen. Die Unterlagen sind für den Gutachter.

Sie benötigen

- **Antrag an die Pflegekasse**
- **Arztberichte**
- **Medikationsliste**
- **Notizen über Tagesablauf**

4 Bereiten Sie Ihren Angehörigen auf das Gespräch vor. Bitten Sie ihn oder sie, Handicaps offen darzulegen. Betroffene neigen oft dazu, die Situation zu beschönigen. Demenzkranken wiederum fehlt häufig die Einsicht in den Verlust ihrer Alltagskompetenzen.

5 Gutachterin oder Gutachter befragen Sie oder Ihren Angehörigen und vergeben Punkte für das Ausmaß der Einschränkungen. Es ist gut, wenn eine Vertrauensperson beim Termin dabei ist. Gerade bei Demenzpatienten kann sie bei Bedarf Antworten ergänzen. Das Gespräch dauert etwa eine Stunde.

6 Innerhalb von 25 Arbeitstagen ab Antrag erfolgt die Einstufung. Wurde der Pflegegrad nicht erhöht, haben Sie einen Monat Zeit, Widerspruch einzulegen. Begründen Sie, womit Sie im Gutachten nicht einverstanden sind. Könnten Ärzte oder Pflegedienst Ihre Aussagen bestätigen? Ein Punkt mehr kann über einen höheren Pflegegrad entscheiden. Lassen Sie sich nicht entmutigen. Die Ablehnungsrate ist hoch, doch ein Drittel der Widersprüche hat Erfolg. Unter test.de/pflege erfahren Sie mehr dazu.

Antrag auf Schwerbehindertenausweis

Mehr Urlaub, Steuervorteile, reservierte Parkplätze – der Schwerbehindertenausweis kann das Leben erleichtern. Sie bekommen ihn auf Antrag ab einem Grad der Behinderung von 50.

1 Bitten Sie Ihre Ärzte um aussagefähige Stellungnahmen zu Ihrer Schwerbehinderung – nicht nur zu Diagnosen, sondern konkret zu den daraus resultierenden Beeinträchtigungen im Alltag. Kündigen Sie an, dass eventuell Rückfragen vom Amt kommen.

2 Ordnen Sie alle Unterlagen wie medizinische Befunde, amtliche Gutachten, Anerkennungsbescheide einer Berufskrankheit oder Kopien bereits gestellter Rentenanträge. Nummerieren Sie diese am besten durch. So geht es bei Rückfragen einfacher.

Sie benötigen

- **Alle Unterlagen zu Ihren gesundheitlichen Beeinträchtigungen**
- **Namen und Adressen Ihrer behandelnden Ärztinnen und Ärzte**
- **Ihre Steuer-ID**
- **Ein aktuelles Passfoto**

3 Finden Sie beim Bürger- oder Landratsamt oder unter einfach-teilhaben.de heraus, welches die für Sie zuständige Behörde ist. Besorgen Sie sich dort das Antragsformular. Lassen Sie erstmals eine Schwerbehinderung feststellen, nutzen Sie das Formular „Erstantrag", nicht den „Neufeststellungsantrag".

4 Füllen Sie den Antrag aus. Geben Sie nicht nur die „Hauptbehinderung" an, sondern alles, was Sie im Alltag einschränkt. Wichtig: Auch Merkzeichen wie G (gehbehindert) oder Bl (blind) müssen Sie ausdrücklich beantragen. Sie sind nötig für bestimmte Vergünstigungen. Sie müssen mit dem Antrag Ihre Ärzte angeben und von der Schweigepflicht entbinden.

5 Fügen Sie Kopien aller Unterlagen und Ihr Passfoto bei, und schicken Sie den Antrag ab. Alternativ laden Sie alles hoch, falls Sie online arbeiten. Antrag und Ausweis sind kostenlos. Hilfe und Beratung bieten Sozialverbände wie VdK oder SoVD für Mitglieder.

6 Hat das Amt Ihren Ausweis bewilligt, informieren Sie Ihren Arbeitgeber. Den blauen Parkausweis müssen Sie extra beantragen, meist bei der Straßenverkehrsbehörde. Wer einen grün-orange-farbigen Schwerbehindertenausweis hat, erhält für den öffentlichen Nahverkehr eine Wertmarke beim Versorgungsamt.

Tipp

Mehr zum Thema lesen Sie kostenlos unter: test.de/schwerbehinderte.

Rente beantragen

Vor dem Antrag müssen alle Informationen zur Berechnung der Rente bei der Rentenversicherung sein. Denn Lücken im Versicherungsverlauf können Rente kosten. Überprüfen Sie, ob dort alle relevanten Versicherungszeiten erfasst sind. Erst dann wenden Sie sich Ihrem Rentenantrag zu.

1 Ab einem Alter von 55 erhalten Sie den Versicherungsverlauf alle drei Jahre automatisch. Auf Wunsch können Sie sich aber jederzeit eine aktuelle Version zuschicken lassen. Stoßen Sie bei Ihrer Prüfung auf fehlende Zeiten, etwa Ihre Ausbildung oder Tätigkeiten im Ausland, beantragen Sie eine Kontenklärung, um diese nachzureichen.

2 Lesen Sie spätestens vier Monate vor dem gewünschten Rentenbeginn das 23-seitige Rentenantragsfor-

Sie benötigen

- **Personalausweis**
- **Rentenversicherungsnummer**
- **Anschrift Ihrer Krankenkasse**
- **Ihre Versicherungsnummer**
- **Kontodaten (Iban) des Kontos, auf das die Rente fließen soll**
- **Steueridentifikationsnummer**
- **Je nach Rentenart können weitere Nachweise erforderlich sein, etwa Ihr Schwerbehindertenausweis für die Altersrente für Schwerbehinderte**

mular R0100 durch. Sie finden es online (deutsche-rentenversicherung.de). Alternativ lassen Sie es sich zuschicken (Tel. 0 800/10 00 48 00). Überprüfen Sie anhand der Fragen auf dem Formular, ob Sie alle relevanten Nachweise parat haben.

3 Stellen Sie den Antrag auf Altersrente spätestens drei Monate vor dem gewünschten Rentenbeginn. So bleibt der Rentenversicherung genügend Zeit, mögliche Informationen oder Nachweise von anderen Stellen einzuholen, etwa von der Krankenkasse oder vom Arbeitgeber. Sie können den Antrag direkt auf der Internetseite der Rentenversicherung stellen (deutsche-rentenversicherung.de, Stichwort: Online-Services). Sie wollen sich lieber helfen lassen? Das kann sinnvoll sein. Oft geht es nicht nur um Rentenbeginn und -höhe, sondern auch um einen möglichen flexiblen Übergang in den Ruhestand, Steuerfragen oder Hinzuverdienstgrenzen. Wenden Sie sich an die Beratungsstellen der Rentenversicherung, ehrenamtliche Versicherungsberater, Versichertenälteste oder Sozialverbände.

4 Senden Sie den Antrag an die Rentenversicherung. Wenn Sie ihn nicht online stellen, schicken Sie ihn an Ihren zuständigen Rentenversicherungsträger. Welcher das ist, sehen Sie auf Ihrer jährlichen Rentenauskunft.

5 Ist Ihre Rente bewilligt, erhalten Sie einen Rentenbescheid. Überprüfen Sie ihn. Finden Sie einen Fehler, legen Sie Widerspruch ein. Dafür haben Sie einen Monat Zeit. Leben Sie im Ausland, sind es drei Monate.

Flugpreis zurückfordern

Die Rechtslage ist eindeutig: Fluggesellschaften müssen Kunden den Preis für ausgefallene Flüge erstatten. Mit einem Gutschein muss sich niemand zufriedengeben. Zuständig ist die Fluggesellschaft, die das Ticket ausgestellt hat, auch wenn Kunden den Flug über ein Portal wie zum Beispiel Fluege.de gebucht haben.

1 Ermitteln Sie E-Mail-Adresse oder Internetseite, über die Ihre Fluggesellschaft Erstattungsforderungen entgegennimmt. Sie können die Erstattung des Ticketpreises aber auch per Telefon oder per Post fordern.

2 Schreiben Sie über die E-Mail-Adresse oder Internetseite an das Unternehmen: Ich fordere Erstattung des Flugpreises innerhalb von sieben Tagen. Nennen Sie Ihren Namen und gegebenenfalls den von Mitreisenden,

Sie benötigen

- **Internetzugang und E-Mail-Konto**
- **Eventuell auch: Papier, Umschlag und Porto**

außerdem Flugdatum, Flugnummer, Startflughafen und -zeit, Zielflughafen, Buchungsnummer, sowie Iban und Bic des Kontos, auf welches das Geld überwiesen werden soll. Bitten Sie um eine Eingangsbestätigung. Kündigen Sie eine Beschwerde bei der Schlichtungsstelle für den öffentlichen Personenverkehr (Söp) an, wenn das Geld nicht pünktlich kommt.

3 Bewahren Sie die Eingangsbestätigung auf. Wiederholen Sie die Forderung per Einschreiben mit Rückschein, wenn Sie nach einer Woche keine Bestätigung haben.

4 Beschweren Sie sich beim Schlichter, wenn die Erstattung ausbleibt. Die meisten Fluggesellschaften, darunter Lufthansa und Töchter wie Eurowings, Easyjet und Ryanair sind Mitglieder der Schlichtungsstelle Söp (soep-online.de). Für andere Anbieter ist das Bundesamt für Justiz (bundesjustizamt.de) zuständig. Bei beiden stehen gut bedienbare Onlineformulare bereit.

5 Führt auch die Schlichtung nicht zum Erfolg, bleibt noch, einen Rechtsanwalt zu beauftragen oder nach einem Fluggastrechte-Portal zu schauen, das Ihre Forderung durchsetzt. Wie diese funktionieren, erklären wir online (test.de/fluggastrechte). Dort geht von der Erstattung eine Provision ab. Bei Rechtsanwälten erhalten Sie den ganzen Ticketpreis zurück, müssen aber oft einen Vorschuss aufs Honorar zahlen, wenn Sie keine Rechtsschutzversicherung haben. Das Geld muss Ihnen die Fluggesellschaft am Ende erstatten.

Scheidung einreichen

Sie können sich nur dann scheiden lassen, wenn Ihre Ehe gescheitert ist. Will Ihr Ehepartner die Scheidung auch, müssen Sie vor dem Antrag mindestens ein Jahr lang getrennt voneinander gelebt haben. Sie müssen Ihre sexuelle Beziehung und gemeinsamen Aktivitäten aufgegeben haben und getrennt wirtschaften.

1 Wichtig zu wissen: Nur in Härtefällen kann das Trennungsjahr ausnahmsweise entfallen, zum Beispiel bei schwerer körperlicher Gewalt eines Partners oder schwerem Drogenmissbrauch. Leben Sie seit mindestens drei Jahren nicht mehr zusammen, ist eine Scheidung auch möglich, wenn Ihr Ex-Partner nicht zustimmt.

2 Sie brauchen einen Rechtsanwalt, der den Scheidungsantrag beim

Sie benötigen

- **Heiratsurkunde**
- **Geburtsurkunden minderjähriger Kinder**
- **Ehevertrag**
- **Rechtsanwalt**

zuständigen Amtsgericht einreicht. Das können Sie nicht selbst tun, auch wenn Sie und Ihr Partner sich über die Scheidungsfolgen einig sind. Es reicht formal, wenn einer von Ihnen dafür einen Anwalt nimmt. Achtung: Er handelt dann nur für den Partner, der ihn beauftragt hat. Das heißt, der Partner ohne Vertretung kann im Verfahren keine eigenen Anträge stellen.

3 Ihr Anwalt benötigt für den Antrag eine Verfahrensvollmacht sowie Kopien der Heiratsurkunde und gegebenenfalls der Geburtsurkunden gemeinsamer, minderjähriger Kinder und des Ehevertrags. Er muss das Trennungsdatum kennen und wissen, ob und wie Sie sich mit Ihrem Partner bereits über Fragen zur elterlichen Sorge, zum Unterhalt, zur gemeinsamen Wohnung und zum Hausrat geeinigt haben.

4 Bei geringem Einkommen oder sehr hohen Schulden können beide Ehegatten beim Familiengericht Prozesskostenhilfe, auch Verfahrenskostenhilfe genannt, beantragen. Wird sie bewilligt, müssen Sie keine Gerichtskosten bezahlen. Auch die Anwaltskosten können Sie so abdecken, gegebenenfalls nur bis zu einem bestimmten Betrag.

5 Das Verfahren bei Gericht kann ab Antrag sechs bis zwölf Monate dauern. Sie können es um zwei bis drei Monate verkürzen, wenn Sie im Vorfeld Informationen zum Versorgungsausgleich beschaffen, also Rentenauskünfte der Rentenversicherungen, oder auf den Versorgungsausgleich verzichtet haben.

Petition beim Bundestag starten

Jeder hat das Recht, sich mit Gesuchen und Eingaben an das Parlament zu wenden – unabhängig davon, ob er oder sie volljährig, Ausländer oder Deutscher ist. So steht es im Grundgesetz. Einmal eingereicht beschäftigt sich mit dem Gesuch der Petitionsausschuss, in dem 28 Mitglieder der im Bundestag vertretenen Parteien sitzen.

1 Die Petition muss per Brief, Fax oder mithilfe des Onlineformulars auf der Internetseite des Bundestags eingereicht werden. Auf der Internetseite epetitionen.bundestag.de starten Sie Ihre Petition einfach online.

Dort können Sie entscheiden, ob Ihre Petition auf der Internetseite des Bundestags veröffentlicht werden soll oder nicht. Klicken Sie auf den entsprechenden Button. Wenn Sie sich für eine Veröffentlichung entscheiden, können Sie

Sie benötigen

- **Internetzugang**

eine Diskussion über das Thema eröffnen, und andere Menschen haben die Möglichkeit, Ihre Petition mitzuunterzeichnen.

2 Registrieren Sie sich mit Name und Anschrift. Schreiben Sie Ihre Petition in das dafür vorgesehene Feld. Drücken Sie konkret aus, was Sie erreichen möchten und begründen Sie Ihre Petition. Sie können auch zeitgleich mit anderen zusammen am Text arbeiten.

3 Der Petitionsausschuss prüft die Erfolgsaussichten Ihrer Eingabe. Wenn er sie negativ beurteilt, haben Sie sechs Wochen Zeit, Widerspruch zu erheben. Dann muss sich der Ausschuss erneut damit befassen. Bei positiver Beurteilung fordert er von der Bundesregierung Auskünfte dazu und befragt Sachverständige. Oft lässt sich auf diesem Wege eine Lösung finden. Gelingt dies nicht, kann er die Petition an die zuständigen Ministerien überweisen. Er kann entweder fordern, dass diese dem Anliegen entsprechen oder es selbst prüfen und nach Möglichkeiten der Abhilfe suchen oder dass sie die Petition in die Vorbereitung von Gesetzentwürfen einbeziehen. Beispiel für eine erfolgreiche Petition: Das Anliegen, die Namen der während der Nazi-Diktatur auf staatlichen Befehl ermordeten Behinderten und Kranken zu veröffentlichen, sodass sie nicht in Vergessenheit geraten.

Hund anmelden

Halter müssen ihren Hund für die Hundesteuer anmelden. Je nach Wohnort und Hunderasse gelten verschiedene Steuersätze – und sind unterschiedliche Ämter zuständig. In einigen Bundesländern müssen Hundebesitzer ihren Hund nicht nur für die Hundesteuer anmelden.

1 Suchen Sie auf der Internetseite Ihrer Kommune, welche die für Sie zuständige Hundesteuerstelle ist und ob Sie Ihren Hund auch beim Ordnungsamt anmelden oder in ein Hunderegister eintragen lassen müssen. In den Bundesländern Berlin, Hamburg, Niedersachsen, Sachsen-Anhalt, Schleswig-Holstein und Thüringen ist das für alle Hunde Pflicht, in Brandenburg und Nordrhein-Westfalen nur für Hunde ab einer bestimmten Größe. Jede Gemeinde erlässt eigene Regeln, auch was Leinenzwang und „verbotene" Rassen angeht. Fast immer bieten die Behörden Anmeldeformulare zum Herunterladen an, oft gibt es auch Online-Anmeldeverfahren.

Sie benötigen

- **Computer mit Internetzugang**
- **Personalausweis**
- **Alle Daten Ihres Hundes**

Je nach Bundesland:

- **Tierhalter-Haftpflichtversicherung, Sachkundenachweis, polizeiliches Führungszeugnis**

2 Halten Sie alle wichtigen Informationen über sich und Ihren Hund bereit. Dazu gehören etwa Ihre Adresse, Kaufvertrag oder Übernahmevertrag aus dem Tierheim, Alter, Geschlecht und Rasse des Hundes. Erkundigen Sie sich, welche Voraussetzungen Sie außerdem erfüllen müssen, zum Beispiel einen Sachkundenachweis, ein polizeiliches Führungszeugnis, eine Tierhalter-Haftpflichtversicherung oder eine Hundekennzeichnung mit Mikrochip.

3 Wenn es keine Onlineanmeldung gibt, laden Sie das Formular zur Hundesteueranmeldung herunter. Füllen Sie es aus und schicken Sie es unterschrieben an die Behörde. Das muss nicht per Post sein. Sie können es auch fotografieren und per E-Mail senden. Die Anmeldung zur Hundesteuer ist kostenlos, diejenige beim Ordnungsamt oft gebührenpflichtig.

4 Das Finanzamt sendet Ihnen einen Steuerbescheid zu. Manche Behörden schicken die Hundesteuermarke gleich mit – bei anderen müssen Sie sie abholen. Jede Gemeinde regelt selbst, ob eine Hundemarke mitzuführen ist. Wenn Sie die Marke am Halsband Ihres Hundes befestigen, sind Sie in jedem Fall auf der sicheren Seite.

Tipp

Sie können sich von der Hundesteuer befreien lassen, wenn Ihr Hund ein Blinden- oder Assistenzhund ist. Ermäßigungen können Sie oft auch beantragen, wenn Sie einen Hund aus dem Tierheim adoptieren oder wenn Sie schwerbehindert sind. Mehr dazu finden Sie unter test.de/hundesteuer.

Identität offiziell berichtigen

Sie wollen den Geschlechtseintrag, der Ihnen bei der Geburt zugewiesen wurde, und Ihren Vornamen ändern? Seit dem 1. August 2024 können Menschen Termine vereinbaren, um das eingetragene Geschlecht im Geburtenregister und damit auch in Dokumenten ändern zu lassen. Möglich macht es das Selbstbestimmungsgesetz. So geht es:

1 Wenden Sie sich an ein Standesamt Ihrer Wahl. Teilen Sie mit, dass Sie Gebrauch vom Selbstbestimmungsgesetz machen und Ihren Geschlechtseintrag und eventuell Vornamen berichtigen lassen möchten. Sie können dabei schon anmelden, für welche Art von Geschlechtseintrag Sie sich entscheiden und wie Sie zukünftig heißen wollen. Diese Angaben sind zu diesem

Sie benötigen

- Schriftliche oder persönliche Anmeldung beim Standesamt
- Drei Monate Geduld
- Persönlichen Termin beim Standesamt
- Gebühr, in Berlin etwa 15 Euro
- Personalausweis oder Reisepass
- Geburtsurkunde
- Gegebenenfalls Ehe- oder Lebenspartnerschaftsurkunde

Zeitpunkt nicht bindend. Ihre Anmeldung muss persönlich, schriftlich per Post oder E-Mail mit qualifizierter elektronischer Signatur erfolgen. Manche Standesämter bieten online ein Anmeldeformular.

2 Nach der Anmeldung müssen Sie drei Monate warten. Machen Sie einen Termin für Ihre persönliche Erklärung bei dem Standesamt, bei dem Sie die Änderungen auch angemeldet haben. Bringen Sie Personalausweis, Reisepass, Geburtsurkunde und eventuell Ehe- oder Lebenspartnerschaftsurkunde mit. Erklären Sie vor Ort, wie Ihr Geschlechtseintrag vermerkt werden soll, und nennen Sie Ihren neuen Vornamen. Für die Beurkundung dieser Erklärung wird eine Gebühr verlangt, in Berlin sind das 15 Euro. Das Standesamt übermittelt alles an Ihr Geburtsstandesamt. Dort können Sie dann Ihre neue Geburtsurkunde beantragen. Übrigens: Schritt 1 wird gegenstandslos, wenn Sie die Erklärung nicht innerhalb von sechs Monaten nach Ihrer Anmeldung abgeben.

3 Ihr Geburtsstandesamt teilt die Änderung Ihrer Meldebehörde mit. Dann können Sie neue Dokumente beantragen, etwa beim Bürgeramt einen neuen Personalausweis und Reisepass. Die Änderung des Geschlechtseintrags ist nur im Reisepass, nicht im Personalausweis sichtbar. In den aktuellen Personalausweisen wird das Geschlecht nicht erwähnt. Der angepasste Vorname ist dagegen auch auf dem neuen Personalausweis zu lesen.

Krankenkasse wechseln

Sind Sie unzufrieden mit Ihrer Krankenkasse, weil sie zu teuer wurde oder der Service nicht mehr stimmt, können Sie wechseln. Haben Sie noch keine bessere Kasse gefunden, orientieren Sie sich unter test.de/krankenkassen in unserem Vergleich.

1 Es gilt eine Bindungsfrist: Um wechseln zu können, müssen Sie vorher mindestens zwölf Monate lang Mitglied Ihrer Kasse gewesen sein. Ausnahme: Erhöht Ihre Krankenkasse den Beitragssatz, haben Sie ein Sonderkündigungsrecht und können vorzeitig wechseln.

2 Teilen Sie Ihrer neuen Wunschkasse mit, dass Sie Mitglied werden möchten. Die meisten Kassen haben Online-Anträge auf ihrer Webseite, schicken Sie ansonsten eine E-Mail oder einen Brief. Die neue Kasse braucht etwa Ihre Versichertennummer, Angaben zu Ihrem Status (ange-

Sie benötigen

- **Krankenversicherungskarte mit Versicherungsnummer**
- **Internetzugang**
- **PC, Laptop, Tablet oder Smartphone**

stellt, selbstständig, im Studium, Rentner), Einkommen, Adresse und gewünschten Eintrittstermin. Wichtig: Eine schriftliche Kündigung bei Ihrer alten Kasse ist nicht nötig.

3 Die neue Kasse prüft die Voraussetzungen und übernimmt für Sie die Kündigung. Ist ein Wechsel möglich, teilt die neue Kasse Ihnen den Eintrittstermin mit. Sie informieren Ihren Arbeitgeber formlos über den Wechsel, damit dieser Sie auf elektronischem Weg dort anmelden kann. Die Kasse wiederum bestätigt dem Arbeitgeber elektronisch Ihre Mitgliedschaft. Bei Rentnern meldet die neue Kasse der Rentenversicherung den Wechsel.

4 Die Kündigung wird Ende des übernächsten Monats wirksam. Kündigen Sie zum Beispiel bis Ende November, sind Sie ab Februar des darauffolgenden Jahres Mitglied der neuen Krankenkasse. Bei Beitragsanstieg ist die Kündigung bis Ende des Monats möglich, in dem Ihre Kasse erstmals den höheren Beitrag verlangt. Der Kündigungszeitraum gilt wie oben, so lange ist der höhere Zusatzbeitrag fällig.

Tipp

Jede an Ihrem Wohn- oder Arbeitsort offene Kasse muss Sie annehmen.

Eheschließung anmelden

Früher hieß es „Das Aufgebot bestellen". Auch wenn das heute nicht mehr so gesagt wird, muss das Standesamt prüfen, ob die rechtlichen Voraussetzungen für Ihre Heirat gegeben sind. Dazu müssen Sie Ihre Eheschließung anmelden. So geht es:

1 Wann und wo wollen Sie heiraten? Die Anmeldung der Eheschließung gilt für ein halbes Jahr. Sie können Ihre Trauung also frühestens sechs Monate vor Ihrem Wunschdatum anmelden. Wollen Sie an einem begehrten Termin heiraten, etwa einem 11. November, beeilen Sie sich. Erkundigen Sie sich, ob das Standesamt auch Reservierungen für Termine annimmt.

2 Ihre Heirat müssen Sie bei dem Standesamt anmelden, an dem Sie oder Ihr Partner Ihren Haupt- oder Nebenwohnsitz haben. Die Eheschließung kann anschließend in einem Standesamt Ihrer Wahl stattfinden. Kontaktieren Sie das Standesamt und fragen nach, welche Unterlagen Sie vorlegen müssen. Das ist abhängig von Ihrer Lebenssituation.

Sie benötigen

- **Personalausweise oder Reisepässe**
- **Beglaubigte Abschriften aus dem Geburtenregister**
- **Erweiterte Meldebescheinigungen nach dem Bundesmeldegesetz**
- **Weitere Dokumente je nach persönlicher Lebenssituation**
- **Geld für die Anmeldegebühr – mindestens 40 Euro**

3 Stellen Sie die nötigen Unterlagen zusammen. Als deutsche Staatsangehörige brauchen Sie Ihre Personalausweise oder Reisepässe. Erforderlich ist je auch eine sogenannte erweiterte Meldebescheinigung, aus der zum Beispiel auch Ihr Familienstand hervorgeht. Sie erhalten die Meldebescheinigung bei der Meldebehörde der Kommunalverwaltung. Außerdem benötigen Sie jeweils eine beglaubigte Abschrift aus dem Geburtenregister, neu ausgestellt vom jeweiligen Standesamt des Geburtsortes. Sie darf bei der Anmeldung nicht älter als sechs Monate sein. Weitere Papiere sind nötig, wenn einer schon verheiratet war, für Kinder aus einer früheren Ehe sorgeberechtigt ist, eingebürgert wurde oder im Ausland geboren ist.

4 Sofern die Anmeldung zur Eheschließung persönlich erfolgen muss, brauchen Sie einen Termin beim Standesamt. Falls einer von Ihnen oder Sie beide aus wichtigem Grund verhindert sind, kann ein Partner den anderen oder beide eine andere Person bevollmächtigen. Vordrucke gibt es im Internet. Wenn Sie die Eheschließung anmelden, können Sie auch die Einzelheiten der Zeremonie besprechen.

5 Begleichen Sie die Kosten für die Anmeldung zur Eheschließung. Sie können von Ort zu Ort unterschiedlich sein. In Berlin betragen sie ab 45 Euro, in Leipzig ab 60 Euro und in Köln ab 40 Euro. Ob weitere Kosten hinzukommen, hängt u. a. davon ab, wie hoch der Verwaltungsaufwand im Einzelfall ist. Fragen Sie beim Standesamt nach.

Steuer-ID neu abfragen

Kommt hierzulande ein Kind zur Welt, bekommen Neubürger oder Neubürgerin direkt eine steuerliche Identifikationsnummer zugeteilt – offiziell abgekürzt IdNr. Was tun, wenn Sie Ihre IdNr. – oder die Ihres Kindes – nicht mehr finden können? Drei Schritte, wie Sie eine Steuer-ID beantragen:

1 Online-Antrag finden: Rufen Sie die Internetseite des Bundeszentralamts für Steuern unter bzst.de auf. Klicken Sie in der linken Spalte unter „Privatpersonen" auf „Identifikationsnummer". Scrollen Sie runter zum gelben Kasten mit der Überschrift „Erneute Mitteilung der IdNr" und klicken Sie dort auf „Mehr erfahren".

Sie benötigen

- **Meldeadresse**
- **Internetzugang**
- **Geduld: Wartezeit kann bis zu vier Wochen dauern**

2 Formular ausfüllen: Das Formular umfasst zwar zwei Seiten, allerdings mit sehr wenigen Angaben: Name, Geburtsdatum und -ort sowie Adresse. Die Eingaben sind schnell erledigt, daher können Sie die auf der Seite eingebundene „Virtuelle Online-Auskunft" (Viola) links liegen lassen. Dabei handelt es sich um einen Chatbot, der dabei helfen soll, Formulare auszufüllen.

3 Absenden und warten: Nachdem Sie das Formular abgeschickt haben, können Sie nur noch warten. Das Bundeszentralamt für Steuern schickt die Steuer-ID per Post an Ihre Meldeadresse. Die Bearbeitung kann nach eigener Aussage bis zu vier Wochen dauern. Übrigens teilt die Behörde keine neue Identifikationsnummer zu, sondern schickt die einmal vergebene. Ein und dieselbe Steuer-ID bleibt von der Geburt bis 20 Jahre nach dem Tod mit jedem Bürger verknüpft. Per Telefon oder E-Mail rückt das Amt die Nummer nicht raus – Grund ist der Datenschutz.

Tipp

Wer bereits Steuerbescheide oder Gehaltsabrechnungen erhalten hat, kann dort nachsehen, statt beim Bundeszentralamt nachzufragen. Die Steuer-ID steht auf der ersten Seite des Steuerbescheids oder im Kopfteil der Lohnabrechnung. Nicht zu verwechseln ist sie mit der sogenannten Steuernummer, die sich auch auf Steuerbescheiden befindet. Diese kann sich etwa bei einem Umzug ändern, die Steuer-ID dagegen bleibt.

Register

Unsere Expertinnen und Experten widmen sich tagtäglich den vielen großen und kleinen Fragen des Alltags rund um Produkte und Dienstleistungen und das immer unabhängig, objektiv und unbestechlich. Bei diesen Streifzügen durch das Dickicht aus Kleingedrucktem, Antragsformularen und Gesetzestexten entsteht auch die Kolumne „Gewusst wie". Eine Auswahl der kompakten Lösungen für alltägliche Hindernisse versammelt dieses Buch. Von der Vorsorgevollmacht über die Rückforderung von Flugpreisen bis zur Beglaubigung wichtiger Dokumente: Aufbereitet wie Kochrezepte und verständlich erklärt verhelfen unsere Lifehacks dazu, lästige Alltagsprobleme einfach endlich zu erledigen.

Die Stiftung Warentest wurde 1964 auf Beschluss des Deutschen Bundestages gegründet, um dem Verbraucher durch vergleichende Tests von Waren und Dienstleistungen eine unabhängige und objektive Unterstützung zu bieten. Mehr zu unserem Qualitätsanspruch und viele weitere Bücher finden Sie unter www.test.de.

Unser Umweltversprechen

Dieses Buch wurde unter Einhaltung hoher Umweltstandards nachhaltig und ressourcenschonend in Deutschland produziert.

100% Recyclingpapier · Mineralölfreie Druckfarben

ISBN: 978-3-7471-0931-1

Stiftung Warentest
Lützowplatz 11–13, 10785 Berlin
www.test.de,
email@stiftung-warentest.de
USt-IdNr.: DE136725570

Vorständin: Julia Bönisch
Programmleitung: Niclas Dewitz
Autorinnen: Roland Aulitzky, Kerstin Backofen, Emma Bremer, Michael Beumer, Barbara Bückmann, Philip Chorzelewski, Christoph Herrmann, Robin Knies, Alisa Kostenow, Sophie Mecchia, Theodor Pischke, Kirsten Schiekiera, Lena Sington, Michael Sittig, Ulrike Steckkönig, Simone Weidner, Marion Weitemeier, Eugénie Zobel
Projektleitung: Alexandra Germann
Mitarbeit: Merit Niemeitz
Titelentwurf, Grafik, Satz: Daniela Greven
Verlagsherstellung: Rita Brosius (Ltg.), Romy Alig, Susanne Beeh
Druck: Fromm + Rasch GmbH & Co. KG

Bei Fragen zur Sicherheit dieses Produkts wenden Sie sich bitte an: gpsr@stiftung-warentest.de

Stiftung Warentest